STRUDEL

Mehlspeisen · Aufläufe

Reduzierte Ausgabe
des im gleichen Verlag erschienenen
großformatigen Buches

2003

Gesamtherstellung: Athesiadruck, Bozen

ISBN 88-7014-759-2

www.athesiabuch.it
buchverlag@athesia.it

STRUDEL
Mehlspeisen · Aufläufe

Texte von Angelika Ilies
Fotos von Anneliese Kompatscher

Vierte Auflage

VERLAGSANSTALT ATHESIA - BOZEN

Zum Geleit

Die süße Mehlspeisenküche – da leuchten alle Augen, und sicher ist dies auch bei den Lesern dieses Buches der Fall. Damit diesen bereits beim ersten Durchblättern, Lesen und Anschauen dieses Buches das Wasser im Mund zusammenläuft, ist eine Vielzahl der Rezepte in brillanten Farbaufnahmen festgehalten. All diese appetitmachenden Fotos stammen von Anneliese Kompatscher, die der Kenner bereits aus vielen Südtiroler Büchern her schätzengelernt hat.

Für dieses Buch wurden die klassischen Rezepte wie für den Kaiserschmarren, Mohr im Hemd oder Strauben zusammengetragen, ausprobiert (bei jeder Weitergabe könnten sich schließlich Fehler einschleichen) und für Freunde der Kochkunst aufgeschrieben. Angeregt durch diese „Klassiker" hat sich die Verfasserin neue Rezepte ausgedacht und auch diese getestet; die besten davon wurden ausgewählt, damit für süße Abwechslung gesorgt ist.

Personenzahlen bei den Rezepten sollen die Mengenplanung erleichtern, gleichgültig ob man seine Lieben zum Nachtisch oder zum Kaffee am Nachmittag verwöhnen möchte. Natürlich sind die Zahlen nur Annäherungswerte – schließlich ißt der eine mehr, der andere weniger. Am Ende des Buches finden sich wichtige Backtips für ein perfektes Gelingen, und ganz zum Schluß ein sehr ausführliches Stichwortverzeichnis.

Also – viel Spaß beim Auswählen, Kochen und Backen und natürlich auch beim Genießen der süßen Köstlichkeiten!

München, im März 1992 Angelika Ilies

Inhalt

Inhalt

Strudel

Milchrahmstrudel

Zutaten für 8–12 Personen:

Strudelteig wie beim Apfelstrudel (Seite 13)
Mehl zum Ausziehen
75 g zerlassene Butter zum Bepinseln

Für die Füllung:
80 g weiche Butter
4 Eier (getrennt)
1 Prise Salz
60 g Staubzucker
60 g Mehl
2 Teel. Vanillezucker
1/2 unbehandelte Zitrone (Saft und abgeriebene Schale)
400 g Topfen
250 g Sauerrahm
100 g in Rum eingeweichte Rosinen
80 g Zucker

Für den Guß:
1/2 l Milch
3 Eidotter
50 g Zucker
1 Teel. Vanillezucker
abgeriebene Zitronenschale

Den Teig kneten und ruhen lassen. Den Backofen auf 200 Grad vorheizen.
Für die Füllung Butter, Eidotter, Salz und Staubzucker dick-cremig schlagen, dann das Mehl, Vanillezucker, Zitronensaft und -schale dazugeben.
Topfen abtropfen lassen, mit dem Sauerrahm verrühren und unter die Eiercreme ziehen. Glattrühren, die Rumrosinen untermengen.
Das Eiweiß zu steifem Schnee schlagen, dabei den Zucker einrieseln lassen, den Eischnee unter die Füllung heben.
Den Teig auf einem bemehlten Küchentuch dünn ausziehen, mit zerlassener Butter bepinseln. Die Füllung auf der vorderen Hälfte verteilen, dabei einen breiten Rand lassen. Den Strudel aufrollen, dabei die Kanten nach innen einschlagen. Mit der Naht nach unten in einer U-Form in eine nicht zu große Reine legen (in einer zu großen Form läuft er zu weit auseinander).
Alle Zutaten für den Guß verquirlen, etwa ein Drittel davon über den Strudel träufeln.
Insgesamt etwa 45 Minuten backen, dabei nach und nach den restlichen Guß darüber verteilen.

Gefüllte Strudelblätter mit Erdbeeren

Zutaten für 10–12 Personen:

Für den Teig:
250 g Mehl
1 Ei
1 Prise Salz
2 Eßl. Öl
Öl zum Bepinseln
Mehl zum Ausziehen

Für die Füllung:
500 g Erdbeeren
1 Zitrone
3–4 Eßl. Zucker
4 Blatt weiße Gelatine
300 g Schlagrahm
Staubzucker zum Bestreuen

Für den Strudelteig die Zutaten etwa 100 ml lauwarmes Wasser erst verrühren, dann mit den Händen glatt und geschmeidig verkneten. Eventuell noch einig Tropfen Wasser oder etwas Meh dazugeben, bis der Teig die rich Konsistenz hat. Zur Kugel form mit Öl bepinseln und zugedeckt oder in Folie gewickelt 1/2 Stunc ruhen lassen. Den Backofen auf 225 Grad vorheizen.
Den Teig dann auf leicht bemeh Fläche ausrollen und hauchdün ausziehen. 10 cm große Kreise r

:inem Glas ausstechen, auf zwei
nit Backpapier belegte Bleche
egen, mit Öl bestreichen. Nur
:twa 3 Minuten knusprig backen.
)ie Erdbeeren waschen und putzen,
:inige zum Garnieren beiseite
egen, die übrigen pürieren. Mit
Zitronensaft und Zucker
ıbschmecken. Die Gelatine etwa
5 Minuten in kaltem Wasser
:inweichen. Tropfnaß in einen
kleinen Topf geben, bei schwacher
Hitze auflösen und unter das Püree
iehen. Sobald es anzieht, den
Rahm steif schlagen und
ınterheben.
e 4 Strudelblätter mit Erdbeerrahm
lazwischen zu Türmchen
chichten. Leicht mit Staubzucker
bestreuen, mit Erdbeeren garnieren.

Tip:
schneller und ebenso fein: anstelle
'es Strudelteigs einfach Tiefkühl-
blätterteig verwenden.

/ariationen:
)en Rahm für die Füllung können
ie immer wieder abwandeln, zum
eispiel durch Himbeeren, pürierte
firsiche oder Marillen.

Gefüllte Strudelblätter mit Erdbeeren ▷
◁ Milchrahmstrudel

Strudel

Apfelstrudel

Zutaten für 8–12 Personen:

Für den Teig:
250 g Mehl
1 Ei
1 Prise Salz
2 Eßl. Öl
Öl zum Bestreichen
Mehl zum Ausziehen

Für die Füllung und dazu:
2 unbehandelte Zitronen
1,5 kg säuerliche Äpfel (zum Beispiel Boskop)
200 g Löffelbiskuits
100 g zerlassene Butter
75 g Zucker
100 g Mandelstifte
1 Päckchen Vanillezucker
1 Teel. Zimtpulver
Staubzucker zum Bestreuen

Aus Mehl, dem Ei, Salz, Öl und etwa 100 ml lauwarmem Wasser einen glatten, elastischen Strudelteig kneten. Dabei eventuell noch einige Tropfen Wasser oder etwas Mehl dazugeben, wenn der Teig noch nicht zusammenhält. Er soll aber nicht klebrig werden.
Den Teig zur Kugel formen, mit Öl bestreichen und zugedeckt mindestens $^{1}/_{2}$ Stunde ruhen lassen.
Inzwischen die Zitronenschale abreiben, den Saft auspressen, beides mischen. Die Äpfel vierteln, schälen, entkernen und quer in dünne Spalten schneiden, sofort in dem Zitronensaft wenden. Die Löffelbiskuits zerbröseln. Den Backofen auf 200 Grad vorheizen.
Den Teig zuerst auf ganz leicht bemehlter Fläche ausrollen, dann auf ein leicht bemehltes Küchentuch heben und hauchdünn ausziehen. Mit der Hälfte der zerlassenen Butter bestreichen, die Löffelbiskuits aufstreuen.
Die Äpfel abtropfen lassen und gleichmäßig auf dem Teig verteilen, den Zucker mit Mandeln, Vanillezucker und Zimt mischen und aufstreuen.
Den Strudel mit Hilfe des Tuches aufrollen, dabei die Teigränder nach innen einschlagen. Auf ein mit Backpapier belegtes oder gefettetes Backblech heben, mit der restlichen zerlassenen Butter bestreichen. Etwa 45 Minuten backen. Mit Staubzucker bestreut servieren.

Tip:
Zum Zerbröseln der Löffelbiskuits diese in eine Plastiktüte geben und mehrfach mit einem Nudelholz darüberrollen. Oder die Biskuits in einer Küchenmaschine zerkleinern.

Traubenstrudel mit Marzipan

Zutaten für 8–12 Personen:

Strudelteig wie beim Apfelstrudel (siehe links)
Öl zum Bestreichen
Mehl zum Ausziehen
200 g Marzipan
1 Ei
2 Eßl. Grappa
60 g Sauerrahm
175 g Staubzucker
1,5 kg Trauben
250 g Mandelmakrönchen (Amaretti)

Den Strudelteig kneten und ruhen lassen.
Inzwischen das Marzipan weichkneten, mit dem Ei, Grappa, Sauerrahm und 150 g Staubzucker glattrühren.
Den Backofen auf 200 Grad vorheizen.
Den Strudelteig dünn ausrollen und ausziehen. Mit der Marzipanmasse bestreichen. Die Trauben waschen, halbieren und entkernen, auf dem Teig verteilen, zuletzt die Makrönchen zerbröckeln und aufstreuen.
Den Strudel aufrollen und auf ein mit Backpapier belegtes Blech heben, etwa 45 Minuten backen. Mit Staubzucker bestreut servieren.

◁ Apfelstrudel

Kartoffelstrudel

Zutaten für 8–12 Portionen:

Strudelteig wie beim Apfelstrudel (Seite 13)
250 g Kartoffeln
150 g weiche Butter
40 g Zucker
2 Eier (getrennt)
125 g Sauerrahm
40 g in Rum eingeweichte Rosinen
60 g gemahlene Mandeln
30 g Pistazienkerne
abgeriebene, unbehandelte Zitronenschale
Fett für die Form
1/8 l Milch
1 Päckchen Vanillezucker
Staubzucker zum Bestreuen

Den Strudelteig kneten, wie im Rezept Apfelstrudel auf Seite 13. beschrieben, ruhen lassen.
Inzwischen die Kartoffeln waschen, gar kochen, etwas abdampfen lassen. Schälen und noch heiß durch die Presse drücken.
Den Backofen auf 175 Grad vorheizen. 75 g Butter mit dem Zucker cremig schlagen, die Eidotter unterziehen, schaumig schlagen. Durchgepreßte Kartoffeln, den Sauerrahm, die Rumrosinen, Mandeln und die Pistazienkerne dazugeben, mit abgeriebener Zitronenschale würzen. Das Eiweiß zu steifem Schnee schlagen und vorsichtig unterheben.
Den Strudelteig auf bemehlter Fläche zuerst dünn ausrollen, dann auf einem Küchentuch hauchdünn ausziehen. Noch 50 g Butter zerlassen, den Teig damit bestreichen. Die Kartoffelmasse daraufgeben, den Strudel vorsichtig mit Hilfe des Küchentuches aufrollen, dabei die Seiten nach innen einschlagen.
In eine gefettete Reine legen, mit 25 g zerlassener Butter bepinseln. Etwa 50 Minuten backen, zwischendurch immer wieder mit aufgekochter Vanillemilch beträufeln. Mit Staubzucker bestreut noch warm servieren.

Beilage: Zimtschaumsauce
Dafür 4 Eidotter mit 4 Eßlöffeln Zucker und 1 Teelöffel Zimtpulver in einer Wasserbadschüssel verrühren. Über dem heißen Wasserbad dick-schaumig aufschlagen, dabei nach und nach etwa 100 ml aromatischen Apfel- oder Birnensaft dazugießen.

Gefüllte Strudelsäckchen

Zutaten für 16 Stück:

Für den Teig:
250 g Mehl
1 Prise Salz
1 Prise Zucker
2 Eßl. Öl
1 Ei
Mehl zum Ausziehen
1 Eiweiß
50 g zerlassene Butter und 1 Eigelb zum Bestreichen

Für die Füllung:
400 g Äpfel
1 Eßl. Zitronensaft
250 g Zwetschgen
2 Eßl. Sauerrahm
1/2 Teel. Zimtpulver
40 g Zucker
50 g Semmelbrösel

Die Teigzutaten und etwa 100 ml Wasser zum elastischen Strudelteig verkneten, wie beim Rezept Apfelstrudel (Seite 13) beschrieben. Ruhen lassen.
Inzwischen die Äpfel schälen, entkernen und klein würfeln, mit dem Zitronensaft vermischen.
Die Zwetschgen waschen, entsteinen, ebenfalls klein würfeln. Beides mit Rahm, Zimt und Zucker vermengen.

◁◁ Kartoffelstrudel

Den Backofen auf 225 Grad vorheizen.
Den Strudelteig nicht ganz so dünn wie für einen Strudel ausziehen. 16 untertassengroße Kreise ausschneiden. In der Mitte mit Semmelbröseln bestreuen, je 1–2 Eßlöffel der Füllung daraufsetzen. Die Teigränder mit Eiweiß bestreichen, über der Füllung leicht zusammendrücken und -drehen, so daß kleine Säckchen entstehen. Auf ein mit Backpapier belegtes Blech heben, zerlassene Butter und das Eigelb verquirlen, die Säckchen damit bepinseln. Im Ofen etwa 20 Minuten backen.

Beilage:
Vanillesauce, aus dem Päckchen oder wie auf Seite 32 beschrieben zubereitet.

Poganze

Zutaten für 12–16 Personen:

Strudelteig wie beim Apfelstrudel (Seite 13)
Butter für die Form
175 g gemahlene Haselnüsse
600 g Sauerrahm
5 Eier
75 g Zucker
125 g Butter
250 g Topfen

Den Strudelteig kneten und ruhen lassen.
Anschließend den Backofen auf 175 Grad vorheizen. Den Strudelteig in vier Portionen teilen, von denen eine doppelt so groß ist wie die anderen. Die drei gleichen Portionen zu Platten in der Größe einer großen Auflauf- oder Poganzenform ausziehen und mit einem feuchten Tuch bedecken, bis sie verwendet werden.
Die andere, große Teigportion dünn ausziehen und so in die gut gebutterte Form legen, daß sie überall gut heraushängt. Die Hälfte der gemahlenen Nüsse aufstreuen. Den Sauerrahm mit 3 Eiern verquirlen, die Hälfte davon in die Form verteilen. Etwas Zucker aufstreuen, einige Butterflöckchen darauf verteilen.
Eine Teigplatte auflegen. Den Topfen mit zwei Eiern glattrühren und die Hälfte davon aufstreichen, leicht zuckern und mit Butterflöckchen belegen.
Wieder eine Teigplatte einlegen, die restlichen Nüsse, Sauerrahm, Zucker und Butterflöckchen einschichten. Die letzte Teigplatte auflegen, Topfen, Zucker und Butterflöckchen daraufgeben. Den überhängenden Teig rundherum nach innen einschlagen, mit zerlassener Butter bepinseln. Etwa 90 Minuten backen.

Tip:
Sie können die Füllung auch mit gemahlenen Mandeln oder Walnüssen zubereiten, dann schmeckt die Poganze milder. Oder verwenden Sie zur Abwechslung einmal abgeriebene Zitronenschale, Zimtpulver oder Vanillemark als raffinierte Würze.

Topfenstrudel mit Marillen

Zutaten für 8–12 Personen:

Strudelteig wie beim Apfelstrud
(Seite 13)
Mehl zum Ausziehen
70 g zerlassene Butter

Für die Füllung:
1 kg Topfen
100 g gemahlene Mandeln
1/4 Teel. Zimtpulver
100 g Zucker
5 Eier (getrennt)
1 unbehandelte Zitrone (Saft un
abgeriebene Schale)
175 g Rosinen
400 g Marillen

Den Strudelteig kneten und unte einem feuchten Tuch ruhen lass Inzwischen für die Füllung den Topfen abtropfen lassen, mit der Mandeln, Zimt, Zucker, den Eidottern, Zitronensaft und -sch und den Rosinen verrühren. Das Eiweiß zu steifem Schnee schlag und vorsichtig unterheben.
Die Marillen waschen, abtrockn und entsteinen, in dünne Spalter schneiden.
Den Backofen auf 200 Grad vorheizen.
Den Strudelteig auf einem bemehlten Küchentuch erst dün

△ Topfenstrudel mit Marillen
◁ Kartoffel-Birnen-Strudel

ısrollen und dann ausziehen, mit :was zerlassener Butter und ınach mit der Topfenmasse ɛstreichen. Die Marillen eichmäßig darauf verteilen, dabei nen ausreichend breiten Rand ssen. Den Teig mit Hilfe des uches aufrollen, dabei die Seiten ach innen einschlagen. Den :rudel vorsichtig in U-Form in ne gefettete Reine heben und mit ɛrlassener Butter bestreichen. :wa 45 Minuten backen.

ariation: Mürbeteig-Strudel
afür rasch einen glatten Teig ıeten aus 500 g Mehl, 150 g inem Zucker oder Staubzucker, Eiern, 1 Prise Salz, 2 Teel. ›geriebener, unbehandelter itronenschale und 350 g kalter ıtter in kleinen Stücken. Den eig zur Kugel formen, in larsichtfolie wickeln und ıindestens 2 Stunden in den ühlschrank legen, anschließend ıf einem bemehlten Tuch dünn ısrollen, füllen, aufrollen und vor :m Backen noch mit verquirltem dotter bestreichen.

Kartoffel-Birnen-Strudel

Zutaten für 6–10 Personen:

300 g mehligkochende Kartoffeln
250 g Mehl
1 Päckchen Backpulver
2 Eßl. Speisestärke
130 g weiche Butter
130 g Zucker
1 Eßl. Vanillezucker
2 Eier
Mehl zum Ausrollen
600 g Birnen
75 g Korinthen
1 Teel. Zimtpulver

Die Kartoffeln am Vortag waschen, gar kochen und schälen.
Am nächsten Tag den Backofen auf 200 Grad vorheizen. Die Kartoffeln reiben oder durch die Kartoffelpresse drücken, mit Mehl, Backpulver und Speisestärke vermischen.
100 g Butter mit 100 g Zucker, Vanillezucker und Eiern schaumig schlagen, die Kartoffelmasse unterkneten. Bei Bedarf noch etwas Mehl dazugeben, es soll ein glatter, nicht klebriger Teig entstehen.
Den Kartoffelteig auf leicht bemehlter Fläche 1 cm dick ausrollen. Die Birnen schälen, in dünne Spalten schneiden, zusammen mit den Korinthen auf dem Teig verteilen, noch 30 g Zucker und Zimt aufstreuen. Vorsichtig aufrollen, auf ein mit Backpapier belegtes Blech heben. Die restlichen 30 g Butter zerlassen, den Strudel damit bestreichen. Im Ofen etwa 50 Minuten goldbraun backen. Mit Pergamentpapier abdecken, wenn er zu dunkel wird.

Beilagen:
Vanille- oder Walnußeis. Auch Vanillesauce (siehe Seite 32) paßt als Beilage.

Rosinen-Haselnuß-Strudel

Zutaten für 8–12 Personen:

Strudelteig wie beim Apfelstrudel (Seite 13)
200 g kernlose Rosinen
150 ml Orangensaft
200 g Haselnußkerne
100 g Walnußkerne
50 g Pignoli
250 g Mascarpone
100 g zerlassene Butter
100 g Mandelmakronen (Amaretti)
Staubzucker zum Bestreuen

Den Strudelteig kneten und ruhen lassen. Inzwischen die Rosinen heiß abwaschen und im Orangensaft einweichen. Alle Nüsse in einer trockenen Pfanne rösten, dann durch die Mandelmühle drehen. Die Rosinen pürieren, mit gemahlenen Nüssen und Mascarpone verrühren.
Den Backofen auf 200 Grad vorheizen. Den Teig ausziehen, mit der Hälfte der zerlassenen Butter bestreichen. Die Makronen zerbröseln und aufstreuen, dann die Rosinencreme darauf verteilen.
Den Strudel aufrollen, auf ein mit Backpapier belegtes Blech heben, mit der übrigen Butter einpinseln. Etwa 40 Minuten backen. Mit Staubzucker bestreut servieren.

Mohnstrudel

Zutaten für 8–12 Personen:

Für den Teig:
90 g Butter
500 g Mehl
30 g Germ
etwa 1/8 l lauwarme Milch
2 Eidotter und 1 Ei
50 g Zucker
Salz
Mehl zum Ausrollen
1 Eidotter, verquirlt mit 2 Eßl. Milch zum Bepinseln

Für die Füllung:
200 ml Milch
25 g Butter
240 g gemahlener Mohn
100 g Zucker
abgeriebene Zitronenschale
Zimtpulver
2 Eßl. Honig

Die Butter in kleinen Stücken und das Mehl mit einem Messer so lange hacken, bis beides gut vermischt ist. Germ in 2 Eßlöffeln warmer Milch auflösen, zusammen mit den Eidottern, dem ganzen Ei, Zucker, einer Prise Salz und Milch nach Bedarf unter das Mehl mischen. Kneten, bis sich der Teig vom Schüsselrand löst und Blasen wirft. Mit einem Tuch zugedeckt an einem warmen Ort gehen lassen.

Für die Füllung alle Zutaten (ohne den Honig) erhitzen, einmal aufkochen. Vom Herd ziehen, den Honig unterrühren, abkühlen lassen.
Den Backofen auf 175 Grad vorheizen.
Den Teig auf bemehlter Fläche 1 cm dick ausrollen, mit Mohnfüllung bestreichen, aufrollen und auf ein mit Backpapier belegtes Blech heben. Zudecken und nochmals gehen lassen. Mit verquirltem Ei bepinseln, 35–40 Minuten backen.

Mohnstrudel ▸

Tiroler Strudel

Zutaten für 8–12 Personen:

Für den Teig:
250 g Butter oder Margarine
250 g Mehl, Salz
1 Eidotter, 1 Eßl. Essig
Mehl zum Ausrollen
1 Ei zum Bestreichen

Für die Füllung:
1 kg Trockenfrüchte (Datteln, Zwetschgen, Feigen, Kletzen Zitronat, Orangeat, Rosinen
60 g Zucker
3 Eßl. Rum
Zitronensaft
75 g Semmelbrösel
60 g Walnußkerne
30 g zerlassene Butter

Butter oder Margarine mit 50 g Mehl verkneten, zu einem rechteckigen Stück formen, kal stellen.
200 g Mehl, eine Prise Salz, Eidotter und Essig zu einem gla Teig verkneten, dabei nach und nach kaltes Wasser nach Bedarf dazugeben. Zur Kugel formen, kreuzförmig einschneiden, mit einem feuchten Tuch bedeckt e 1 Stunde ruhen lassen.
Den Teig dann ausrollen, die Mehlbutter in die Mitte legen, Teig darüber einschlagen. Von

◁ Tiroler Strudel

litte nach außen ausrollen, wieder usammenlegen und kalt stellen. loch zweimal ausrollen und kalt ellen.
ür die Füllung die Trockenfrüchte aschen und verlesen, in warmem Vasser einweichen, dann abtropfen ssen und kleinschneiden. Zucker nd einige Eßlöffel Wasser einmal ıfkochen, den Rum und itronensaft einrühren, die rockenfrüchte darin ziehen lassen ern auch einen oder zwei Tage).
en Blätterteig auf bemehlter läche zum breiten Streifen ısrollen, einige dünne Streifen zur arnierung abschneiden.
en Teigstreifen mehrfach nstechen, den Mittelteil mit ımmelbröseln und gehackten alnüssen bestreuen, die abge- opften Früchte darauf verteilen, rlassene Butter aufträufeln. Die änder über der Füllung nach innen nschlagen, leicht festdrücken, den rudel aufrollen und mit der Naht ch unten auf ein mit Backpapier legtes Blech heben.
it verquirltem Ei bestreichen, die igverzierungen aufkleben, eder mit Ei bestreichen. Etwa Minuten goldbraun backen.

p:
hnellere Variante: 500 g efkühl-Blätterteig verwenden.

Plunderstrudel mit Feigen

Zutaten für 8–12 Personen:

350 g Mehl
225 g kalte Butter
25 g Germ
1/8 l lauwarme Milch
2 kleine Eidotter
2 Eßl. Zucker, 1 Prise Salz
Mehl zum Ausrollen

Für die Füllung:
25 g zerlassene Butter
1 Ei zum Bestreichen
50 g Mandelmakrönchen (Amaretti)
500 g frische Feigen
1 Eßl. Zucker
75 g Mandelstifte

50 g Mehl und 200 g gewürfelte Butter verkneten, zu einem kastenförmigen Stück formen und kalt stellen.
Germ in die Milch bröckeln und darin mit einem Schneebesen auflösen. Mit 300 g Mehl, 25 g Butter, Eidottern, Zucker und einer Prise Salz glattkneten. Zur Kugel formen, gedeckt kalt stellen.
Teigkloß und Mehlbutter sollten dann zur Verarbeitung die gleiche Temperatur haben. Den Teigkloß auf eine leicht bemehlte Fläche geben, über Kreuz einschneiden, die entstandenen Ecken etwas auseinanderbiegen und den Teig dann in die vier Richtungen gleichmäßig ausrollen.
Das Mehlbutterstück in die Mitte legen, die Teigenden darüber schlagen, den Teig dann von der Mitte zu den Rändern dünn ausrollen. Die beiden Schmalseiten zum Drittel nach innen einschlagen, den Teig etwa 5 Minuten im Kühlschrank ruhen lassen.
Erneut ausrollen, zusammenschlagen und ruhen lassen, den Vorgang nochmals wiederholen.
Den Backofen auf 175 Grad vorheizen. Den Teig dünn ausrollen, etwas davon zu Verzierungen formen und beiseite legen. Die zerlassene Butter auf den Teig streichen. Das Ei verschlagen, die Teigränder mit einem Teil davon bepinseln. Die Mandelmakrönchen in der Mitte auf den Teig geben.
Die Feigen in Spalten schneiden und daraufgeben, Zucker und Mandelstifte aufstreuen. Die Seiten der Teigplatte über die Füllung schlagen. Den Strudel umgedreht auf ein mit Backpapier belegtes Blech heben, dabei die Kanten nach unten einschlagen. Mit Ei bepinseln, die Verzierungen aufkleben, auch diese mit Ei bepinseln. 40 Minuten backen.

Knödel & Co.

Marillenknödel (aus Brandteig)

Zutaten für 4 Personen:

1/4 l Wasser
Salz
40 g Butter
200 g Mehl
2 Eier
Mehl zum Formen
12 kleine, reife Marillen (Aprikosen; etwa 500 g)
12 Stück Würfelzucker

Außerdem:
100 g Butter
80 g Semmelbrösel
Zucker nach Belieben

Für den Teig das Wasser, 1 Prise Salz und die Butter aufkochen, bis die Butter geschmolzen ist. Das Mehl hineinschütten und unter Rühren zum Kloß abbrennen, dann vom Herd ziehen. Ein Ei sorgfältig und gründlich unterarbeiten, erst dann auch das zweite. Den Teig abkühlen lassen.
Den Teig mit bemehlten Händen in 12 Portionen teilen, zu Kugeln formen und diese flachdrücken. Die Marillen waschen, aufschlitzen und entsteinen, je einen Zuckerwürfel anstelle des Steines hineingeben. Vollständig in Teig einhüllen, die Ränder gut festdrücken.
Reichlich Wasser so erhitzen, daß es leicht siedet. 1 Prise Salz hineingeben, die Knödel darin 5–10 Minuten ziehen lassen, anfangs mit einem Löffelstiel vom Topfboden lösen. Die fertigen Knödel gut abtropfen lassen.
Die Butter in einer breiten Pfanne aufschäumen, die Brösel darin anrösten. Die Marillenknödel darin wenden und warm servieren. Nach Belieben leicht mit Zucker bestreuen oder die Semmelbrösel gleich mit Zucker mischen.

Tip:
Marillenknödel können ebensogut aus Kartoffelteig zubereitet werden. Das Rezept dafür finden Sie bei den Zwetschgenknödeln auf Seite 29.

◁◁ Marillenknödel

Mohnnudeln

Zutaten für 4 Personen:

600 g mehligkochende Kartoffeln
120 g Butter
60 g Grieß
225 g Mehl
2 Eidotter
Salz
Mehl zum Formen
100 g gemahlener Mohn
Staubzucker

Die Kartoffeln waschen, in der Schale gar kochen. Schälen, noch heiß durch die Presse drücken, dann mit der Hälfte der Butter, Grieß, Mehl, Eidottern und einer Prise Salz zu einem glatten Teig verkneten. Kurz ruhen lassen.
Den Teig dann auf leicht bemehlter Fläche zu daumendicken und -langen Rollen formen, an den Enden spitz formen. In reichlich leicht gesalzenem, siedendem Wasser gut 5 Minuten garen. Herausheben, gut abtropfen lassen. Die übrige Butter aufschäumen, den Mohn darin kurz schwenken, die Nudeln darin schwenken. Mit Staubzucker bestreuen.

'opfennocken mit Himbeersauce

'utaten für 4–6 Personen:

'50 g Topfen
'0 g weiche Butter
' Eier
'alz
'5 g Mehl
'5 g Semmelbrösel
' Eßl. Staubzucker
'00 g Himbeeren
'aft von ½ Zitrone
' Eßl. Mandelblättchen

)en Topfen in einem Sieb gut btropfen lassen, mit Butter, Eiern, iner Prise Salz, Mehl, Semmelröseln und 1 Eßlöffel Staubzucker ;lattrühren, etwa 30 Minuten uhen lassen. Anschließend aus lem Teig kleine Nocken formen ınd diese in leicht gesalzenem, ;erade eben siedendem Wasser :twa 15 Minuten ziehen lassen.)ie Himbeeren verlesen. Einige eiseite legen, die übrigen durch in Sieb streichen. Mit Zitronensaft ınd 2 Eßlöffeln Staubzucker errühren. Die Sauce auf Teller erteilen, die Nocken abtropfen assen und darauf anrichten. Die Aandelblättchen in einer rockenen Pfanne goldgelb rösten, iber die Nocken streuen. Mit Iimbeeren dekorieren.

Topfennocken ▷

Germknödel

Zutaten für 4 Personen:

250 g Mehl
20 g Germ
$^{1}/_{2}$ Eßl. Zucker
etwa $^{1}/_{8}$ l lauwarme Milch
1 Ei, Salz
etwas abgeriebene Zitronenschale
4 Eßl. Powidl (Zwetschgenmus)
75–100 g Butter
80 g gemahlener Mohn
2 Eßl. Staubzucker

Aus Mehl, Germ, Zucker, Milch, dem Ei, 1 Prise Salz und Zitronenschale einen Germteig zubereiten und gehen lassen (siehe Seite 93). Den Teig dann in 4 gleiche Portionen teilen, zu Kugeln formen und flachdrücken, in die Mitte jeweils 1 Eßlöffel Powidl geben. Zu Knödeln formen, noch 20–30 Minuten gehen lassen.
Die Knödel und 1 Prise Salz dann in reichlich siedendes (nicht kochendes!) Wasser geben. Sie müssen ausreichend Platz haben, sie sollen sich nicht berühren. Zugedeckt etwa 20 Minuten garziehen lassen. Mit einer Schaumkelle herausheben, abtropfen lassen und auf tiefe Teller setzen. Die Butter zerlassen und darübergießen den Mohn mit Staubzucker mischen und aufstreuen.

△ **Germknödel**
◁ **Zwetschgenknödel**

Zwetschgenknödel (aus Kartoffelteig)

Zutaten für 4–6 Personen:

1 kg mehligkochende Kartoffeln
300 g Mehl
40 g zerlassene Butter
2 Eidotter
Salz
etwas abgeriebene, unbehandelte Zitronenschale
Mehl zum Formen
15 feste Zwetschgen (etwa 500 g)
100 g Marzipan oder 15 Stück Würfelzucker

Außerdem:
100 g Butter
80 g Semmelbrösel oder gemahlene Mandeln
Zucker nach Belieben

Am Vortag die Kartoffeln gar kochen, schälen und durch die Presse drücken.
Am nächsten Tag die Kartoffelmasse mit Mehl, Butter, Eidottern, einer Prise Salz und Zitronenschale rasch zu einem gleichmäßigen Teig verkneten. Mit bemehlten Händen in 15 Portionen teilen.
Die Zwetschgen waschen, aufschlitzen und entsteinen, jeweils etwas Marzipan oder einen Zuckerwürfel anstelle des Steines in die Mitte geben. Je eine Zwetschge in Kartoffelteig hüllen, den Teig an den Kanten festdrücken. Die Knödel in reichlich siedendem, leicht gesalzenem Wasser knapp 10 Minuten garen. Mit einer Schaumkelle herausheben und gut abtropfen lassen.
Die Butter in einer breiten Pfanne aufschäumen, die Semmelbrösel oder die Mandeln darin anrösten. Die Knödel darin wenden. Nach Geschmack noch etwas Zucker darüberstreuen oder den Zucker gleich unter die Semmelbrösel mischen.

Variation:
Die Zwetschgen in einen Brandteig hüllen. Das Rezept dafür finden Sie auf Seite 26.

Kartäuserklöße

Zutaten für 4 Personen:

4 Milch-Brötchen oder Semmeln vom Vortag
2 Eier
$^3/_8$ l Milch
1 Päckchen Vanillezucker
40 g Butterschmalz
Powidl oder Marmelade
Vanillesauce (siehe Seite 32)

Die Brötchen über Nacht offen antrocknen lassen. Am nächsten Tag rundherum die Rinde fein abreiben, die Brösel beiseite stellen, die Brötchen halbieren.
Die Eier mit Milch und dem Vanillezucker verquirlen, in eine breite Schüssel umgießen. Die Brötchenhälften darin wenden und etwa 1 Stunde quellen lassen.
Dann die Brötchenhälften in den abgeriebenen Bröseln wenden, in Butterschmalz bei mittlerer Hitze auf jeder Seite gut 5 Minuten goldgelb braten.
Mit Powidl oder Marmelade und Vanillesauce servieren.

Buchweizenknödel mit Heidelbeerkompott

Zutaten für 4 Personen:

1/4 l Milch (und 1/4 – 1/2 l Milch zum Garen)
1 Prise Salz
150 g grobes Buchweizenmehl
3 Eßl. flüssiger Honig
1 Eidotter
3 Eßl. Butter
300 g Heidelbeeren
1 säuerlicher Apfel
50 ml Apfelsaft
1 Eßl. Zucker
1/4 Teel. Zimtpulver

Die Milch mit einer Prise Salz aufkochen, das Buchweizenmehl einrieseln lassen und bei sehr milder Hitze etwa 15 Minuten ausquellen lassen. Dann in eine Schüssel umfüllen, den Honig, Eidotter und Butter in kleinen Stücken unterrühren, bis die Butter geschmolzen ist. Abkühlen lassen.
Die Heidelbeeren vorsichtig waschen, verlesen und abtropfen lassen. Den Apfel schälen, vierteln, entkernen und die Viertel quer in dünne Spalten schneiden.
Heidelbeeren und Apfelspalten zusammen mit dem Apfelsaft, Zucker und Zimt zu Kompott kochen, die Apfelspalten sollen dabei aber nicht zerfallen. Das Kompott abkühlen lassen.
Aus der Buchweizenmischung mit den Händen 8 oder 12 kleine Knödel formen, die Hände immer wieder unter kaltes Wasser halten.
Die Knödel in 1/4 – 1/2 l Milch etwa 10 Minuten garziehen lassen.
Herausheben, mit dem Kompott anrichten.

Variation:
Anstelle des Heidelbeerkompotts eine andere fruchtige Beilage zu den Knödeln servieren. Wenn es schnell gehen soll, kann es auch ein gekauftes Kompott aus dem Glas sein, oder ein Kompott aus Ihrem eigenen Vorratskeller.

Mandelnudeln

Zutaten für 6 Personen:

100 g gemahlene Mandeln
250 g Topfen
1 Ei und 2 Eidotter
40 g zerlassene Butter
2 Eßl. Zucker
1–2 Teel. abgeriebene, unbehandelte Zitronenschale
80 g Mehl
Mehl zum Formen
Salz

Zum Begießen:
100 g Butter
125 g gehackte Mandeln
2 Eßl. Honig

Die gemahlenen Mandeln in einer trockenen Pfanne goldgelb rösten. Dann mit dem Topfen, dem Ei, den Eidottern, zerlassener Butter, Zucker und der Zitronenschale glattrühren. Das Mehl unterrühren und den Teig zugedeckt mindestens 2 Stunden in den Kühlschrank stellen.
Auf bemehlter Fläche und mit bemehlten Händen dann fingerlange und -dicke Nudeln aus dem Teig formen, an den Enden spitz formen. In reichlich leicht gesalzenem Wasser bei schwacher Hitze 15–20 Minuten garziehen (nicht kochen!) lassen.
Die Butter zum Begießen aufschäumen, die gehackten Mandeln darin goldgelb rösten. Den Honig einrühren.
Die Mandelnudeln gut abtropfen lassen und auf Teller geben, die Mandelbutter darüber verteilen.

◀ Buchweizenknödel mit Heidelbeerkompott

Powidltascherln

Zutaten für 4 Personen:

600 g mehligkochende Kartoffeln
125 g Mehl
25 g Grieß
1 Ei und 1 Eiweiß
Salz, Mehl zum Ausrollen
200 g Powidl (Zwetschgenmus)
4 Teel. Grappa, Zimtpulver
100 g Butter
80 g Semmelbrösel, Staubzucker

Die Kartoffeln waschen, mit der Schale garen. Schälen, noch heiß durch die Presse drücken. Mit Mehl, Grieß, einem Ei und einer Prise Salz zum glatten Teig vermengen, kurz ruhen lassen. Dann auf bemehlter Fläche 3 mm dick ausrollen, knapp 10 cm große Kreise ausstechen. Die Ränder mit leicht verschlagenem Eiweiß bestreichen.
Powidl mit Grappa und Zimt verfeinern, in der Mitte auf die Teigkreise geben. Jeden Kreis zum Halbkreis zusammenklappen, die Ränder festdrücken. Die Tascherln in leicht gesalzenem Wasser bei schwacher Hitze gut 5 Minuten ziehen lassen. Herausheben und abtropfen lassen. Butter aufschäumen, die Semmelbrösel anrösten, die Powidltascherln darin wenden. Mit Staubzucker bestreuen.

Dampfnudeln mit Vanillesauce

Zutaten für 4 Personen:

40 g Germ
450–500 ml lauwarme Milch
90 g Butter
400 g Mehl
1 großes Ei
100 g Zucker
1 Prise Salz
Mehl zum Kneten
Vanillesauce

Germ in 150 ml lauwarmer Milch auflösen, zugedeckt etwa 15 Minuten gehen lassen, bis sich an der Oberfläche Blasen gebildet haben.
Inzwischen 40 g Butter schmelzen und wieder lauwarm werden lassen. Das Mehl in eine Schüssel geben, die flüssige Butter, Ei, Germ, 40 g Zucker und Salz dazugeben, zu einem weichen Teig verkneten. Eventuell noch etwas Milch dazugeben. Nochmals etwa 30 Minuten gehen lassen. Durchkneten, mit bemehlten Händen 12 kleine Knödel formen.
In einem Topf mit knapp 30 cm Durchmesser und dicht schließendem Deckel 300 ml Milch, 50 g Butter und 60 g Zucker zum Kochen bringen. Die Germknödelchen locker nebeneinander hineinsetzen, bei milder Hitze zugedeckt 35 Minuten garen, zwischendurch den Deckel nicht öffnen. Dazu Vanillesauce reichen.

Für die Vanillesauce:

1 Vanilleschote
400 ml Milch
60 g Zucker
1 Prise Salz
1 Eßl. Speisestärke
2 Eidotter

Die Vanilleschote aufschlitzen, das Mark auskratzen. Beides mit der Milch, Zucker und Salz in einem Topf erhitzen. Die Speisestärke mit wenig Wasser glattrühren, zur Milch gießen und aufkochen. Vom Herd ziehen. Die beiden Eidotter verquirlen und unter die Milch rühren, die Sauce unter gelegentlichem Rühren erkalten lassen, zuletzt die Vanilleschote entfernen.

Dampfnudeln mit Vanillesauce

Walnußnocken mit Feigen

Zutaten für 5–6 Personen:

100 g getocknete Feigen
50 ml Grappa, Sherry oder Portwein
35 g zerlassene Butter
300 g Topfen
2 Eier
35 g gemahlene Walnüsse
15 g Grieß
35 g Mehl
20 g Zucker
Salz

Zum Wenden:
100 g gemahlene Walnüsse
100 g feingehackte Walnüsse
4 Eßl. Zucker

Die Feigen klein würfeln und m Grappa beträufeln, zugedeckt da ziehen lassen.
Die zerlassene Butter mit Topfe Eiern, gemahlenen Walnüssen, Grieß, Mehl und Zucker glattrühren. Die Feigen abtropfe lassen und unterziehen, den Tei mindestens 1 Stunde im Kühlschrank quellen lassen.
Vom Teig mit zwei Löffeln Noc abstechen. In reichlich leicht ge salzenem Wasser knapp 15 Minu ziehen (nicht kochen!) lassen.

◁ Walnußnocken mit Feigen

nzwischen die gemahlenen und die
:hackten Walnüsse zum Wenden
er Nocken mischen und mit dem
ucker vermengen.
ie fertigen Walnußnocken mit
nem Schaumlöffel aus dem
Vasser heben und gut abtropfen
ssen. Rundherum in der
orbereiteten Nuß-Zucker-
Iischung wenden. Sofort noch
arm servieren.

ip:
Venn Sie die Nocken vorbereiten
nöchten, können Sie sie garen,
otropfen und abkühlen lassen.
um Servieren etwas Butter in
ner Pfanne aufschäumen, die
Iocken darin schwenken und
rwärmen, erst dann in der
Valnuß-Zucker-Mischung wenden.

ariationen:
ie Walnüsse durch Pignoli,
Iandeln oder Haselnüsse ersetzen.
ir eine besonders feine, raffinierte
ariante die milden Cashewkerne
erwenden. Alle Nüsse vor der
erwendung in einer trockenen
anne rösten, dann schmecken sie
omatischer.

Vollkornbuchteln mit Marillen

Zutaten für 4–6 Personen:

25 g Germ
50 ml lauwarme Milch
2 Eßl. flüssiger Honig
300 g Weizenvollkornmehl
75 g zerlassene Butter
2 Eier
1 Teel. Zimtpulver
1 Prise Salz
150 g getrocknete Marillen
3 Eßl. Marillenschnaps
Mehl zum Formen
Butter für die Form
1 Eidotter und 2 Eßl. Milch zum Bestreichen

Germ mit der lauwarmen Milch und dem Honig glattrühren und kurz aufgehen lassen. Anschließend mit dem Mehl in einer großen Rührschüssel gründlich vermengen. Die zerlassene Butter, Eier, Zimt und Salz dazugeben, rasch einen glatten Teig kneten. Den Teig zugedeckt an einem warmen Ort aufgehen lassen, bis er ungefähr sein Volumen verdoppelt hat (etwa 45 Minuten).
Inzwischen die Marillen heiß abwaschen, abtropfen lassen und kleinschneiden, im Marillenschnaps ziehen lassen.

Aus dem Germteig mit einem bemehlten Eßlöffel Portionen abnehmen, auf die bemehlte Hand legen. Je einige Marillenstücke daraufgeben, den Teig darüber verschließen und zu gleichmäßigen Knödelchen formen. Diese in eine gut gefettete Auflaufschüssel oder Springform legen. Eidotter mit der Milch verquirlen, die Vollkornbuchteln damit bestreichen, erneut etwa 20 Minuten an einem warmen Ort gehen lassen.
Die Vollkornbuchteln dann in den kalten Backofen stellen, bei 175 Grad etwa 30 Minuten backen.

Dukatennudeln

Zutaten für 4 Personen:

100 ml Milch (und 2 Eßl. Milch zum Bepinseln)
20 g Germ
3 Eßl. Zucker
250 g Mehl, Salz
abgeriebene, unbehandelte Zitronenschale
2 Eidotter
40 g zerlassene Butter
Mehl zum Ausrollen
Butter für die Form
Kirschschaum (Seite 79) oder Vanillesauce (Seite 32)

Die Milch lauwarm erwärmen, Germ hineinbröckeln und darin auflösen. Etwas Zucker und wenig Mehl dazugeben, zugedeckt kurz gehen lassen.
Das restliche Mehl mit Zucker, einer Prise Salz und etwas Zitronenschale mischen, die Eidotter, zerlassene Butter und den Germvorteig dazugeben. Zum glatten, geschmeidigen Teig verkneten, eventuell noch etwas Milch dazugeben. Zugedeckt an einem warmen Ort etwa 60 Minuten gehen lassen.
Anschließend den Teig auf bemehlter Arbeitsfläche 2 cm dick ausrollen. Kleine Kreise (mit etwa 2½ cm Durchmesser) ausstechen, diese nochmals kurz gehen lassen. Die Teigkugeln anschließend dicht nebeneinander in eine feuerfeste, gefettete Schüssel setzen, mit Milch bepinseln. Bei 200 Grad in den kalten Backofen stellen, etwa 20 Minuten backen. Sofort mit Kirschschaum oder Vanillesauce servieren.

Gefüllte Variante:
Die Teigportionen auf eine Handfläche legen, jeweils etwas Zwetschgenmus daraufgeben, den Teig darüber schließen und rund formen. Die Kugeln wie oben beschrieben in die Form setzen und backen.

Traubenknödel

Zutaten für 4 Personen:

¼ l Wasser
Salz
40 g Butter
150 g Mehl
50 g gemahlene Mandeln
2 Eier
125 g Marzipan
15 g Staubzucker
12 große, blaue Weintrauben (etwa 125 g)
Mehl zum Formen
50 g Butter
75 g gehackte Mandeln

Für den Teig Wasser, eine Prise Salz und die Butter aufkochen. Mehl und die Mandeln mischen und auf einmal dazuschütten. De Teig unter ständigem Rühren zu einem Kloß abbrennen, bis sich a Topfboden eine dünne, weiße Schicht bildet. Den Topf dann vo Herd ziehen, den Teig in eine Rührschüssel umfüllen.
Ein Ei mit einem Holzlöffel gründlich unterrühren, erst dann auch das zweite Ei gründlich unterrühren. Den Teig abkühlen lassen.
Das Marzipan weichkneten. Klarsichtfolie mit gesiebtem Staubzucker bestreuen, das Marzipan darauf dünn ausrollen.

: Weintrauben waschen, von den
:elen zupfen und gründlich
:rocknen, einzeln in Marzipan
:wickeln.
:n abgekühlten Brandteig mit
:nehlten Händen zu 12 kleinen
:ödeln formen, dabei je eine
:rzipanummantelte Weintraube
:die Mitte geben. In leicht
:alzenem Wasser etwa 20 Mi-
:ten ziehen lassen, dann mit
:em Schaumlöffel herausheben,
: abtropfen lassen und auf Teller
:teilen.
: Butter aufschäumen, die
:ackten Mandeln darin anrösten
:d diese über die Knödel streuen.

Traubenknödel ▷

Aufläufe & Soufflés

Brotauflaf mit Birnen und Rotweinsauce

Zutaten für 4 Personen:

Für den Auflauf:
400 g Roggenbrot
1/4 l lauwarme Milch
3 Eier (getrennt)
100 g Zucker
1 Päckchen Vanillezucker
2 Eßl. Kakaopulver
1 Msp. gemahlene Nelken
Butter für die Form
500 g kleine Birnen
2 Eßl. Zitronensaft
3 Eßl. eingemachte Preiselbeeren

Für die Sauce:
1 Ei
1 Eßl. Honig
100 ml Rotwein

Den Backofen auf 225 Grad vorheizen.
Das Brot klein würfeln, mit lauwarmer Milch übergießen und quellen lassen. Eidotter, Zucker, Vanille, Kakao und Nelken schaumig aufschlagen. Das eingeweichte Brot untermengen, das Eiweiß zu steifem Schnee schlagen und unterheben.
Die Masse in eine gefettete Auflaufform umfüllen. Die Birnen schälen und halbieren, die Kerngehäuse herausschneiden. Die Fruchthälften mit Zitronensaft beträufeln, mit den Rundungen nach unten auf die Brotmasse legen. In die Kernhausmulden jeweils Preiselbeeren geben, den Auflauf dann etwa 40 Minuten im Ofen knusprig braun backen.
Gegen Ende der Backzeit für die Sauce das Ei mit Honig und 1 Eßlöffel warmem Wasser im Wasserbad schaumig schlagen. Nach und nach den Rotwein unterschlagen. Zum Auflauf servieren.

◁◁ Brotauflauf mit Birnen und Rotweinsauce

Süßer Kartoffelauflauf

Zutaten für 4–6 Personen:
1 kg vorwiegend festkochende Kartoffeln
100 g weiche Butter
4 Eier (getrennt)
60 g Zucker
2 Teel. Anispulver
abgeriebene, unbehandelte Zitronenschale
Butter für die Form
2 Eßl. Mandelblättchen

Die Kartoffeln waschen, in der Schale garen. Schälen und noch heiß durch die Presse drücken, abkühlen lassen.
Den Backofen auf 175 Grad vorheizen.
Die Butter gut cremig rühren, dann die Eidotter, Zucker, Anis und Zitronenschale unterziehen. Die Kartoffelmasse einrühren, das Eiweiß zu steifem Schnee schlagen und unterheben. In eine gut gebutterte Auflaufform umfüllen, die Mandelblättchen aufstreuen. Den Auflauf etwa 45 Minuten backen.

Pfirsichauflauf

Zutaten für 3–4 Personen:

2 Eßl. weiche Butter
1 Prise Salz
75 g Zucker
2 Eier (getrennt)
250 g Topfen
50 g Speisestärke
50 g feiner Grieß
1 unbehandelte Zitrone
(Saft und abgeriebene Schale)
25 g gehackte Pistazienkerne
3 frische, saftige Pfirsiche
Fett für die Form
Staubzucker

Den Backofen auf 175 Grad vorheizen.
Butter, Salz, den Zucker und die Eidotter gut schaumig schlagen. Topfen, Speisestärke und den Grieß unterziehen, mit Zitronensaft und Zitronenschale aromatisieren. Die Pistazienkerne unterrühren, Eiweiß zu steifem Schnee schlagen und unterheben.
Die Pfirsiche häuten (eventuell zuvor kurz blanchieren), entsteinen und in dünne Spalten schneiden. Unter die Topfenmasse mischen. In eine gefettete Auflaufform umfüllen, im Ofen knapp 1 Stunde backen. Dünn mit Staubzucker bestreuen.

Pfirsichauflauf ▷

Scheiterhaufen

Zutaten für 4 Personen:

4 Semmeln vom Vortag (oder 1 kleines Weißbrot)
Butter für die Form
200 ml Milch
80 g Butter
ein Stück unbehandelte Zitronenschale
350 g Äpfel
50 g Rosinen
3 Eier
2 Eßl. Honig, 50 g Zucker
75 g Pignoli oder Mandelstifte

Den Backofen auf 200 Grad vorheizen. Die Semmeln in dünne Scheiben schneiden und dachziegelartig in eine breite, gebutterte Auflaufform legen. Die Milch mit der Hälfte der Butter und Zitronenschale aufkochen, wieder etwas abkühlen lassen, die Zitronenschale entfernen. Die Äpfel vierteln, schälen, entkernen und in Spalten schneiden, zwischen die Brotscheiben stecken, die Rosinen ebenfalls dazwischengeben. Die Eier mit Honig und Zucker verschlagen, nach und nach die Milch unterschlagen. Über die Brotscheiben träufeln. Pignoli oder Mandelstifte aufstreuen, die restliche Butter in Flöckchen darüber verteilen. Etwa 40 Minuten backen

△ Scheiterhaufen
◁ Topfengratin mit Brombeeren

Pfannkuchen-Lasagne

Zutaten für 4 Personen:

3 Eier
250 g Mehl
1 Prise Salz
850 ml Milch
100 ml Mineralwasser
Butter zum Backen
1 Päckchen Puddingpulver zum Kochen (Vanille-Geschmack)
2 Eßl. Zucker
250 g Topfen
100 g Zwetschgenmus
½ Teel. Zimtpulver
100 g geröstete Mandelblättchen

Die Eier mit Mehl, Salz und 350 ml Milch verrühren. Dann so viel Mineralwasser dazugießen, bis ein glatter, dünner Teig entstanden ist. Etwa ½ Stunde quellen lassen.
In einer leicht gebutterten Pfanne (22 cm Durchmesser) aus dem Teig 8 goldgelbe Pfannkuchen backen.
Den Vanillepudding nach Packungsbeschreibung mit ½ l Milch und dem Zucker kochen, etwas abkühlen lassen.
Topfen, Zwetschgenmus und Zimt verrühren.
Den Backofen auf 200 Grad vorheizen.
Einen Pfannkuchen in eine gefettete, 22 cm große, runde Auflaufform legen, 1 Eßlöffel Topfen, 1 Eßlöffel Vanillepudding und einige Mandelblättchen darauf verteilen. Alle Zutaten einschichten, mit einer guten Schicht Vanillepudding und zuletzt einigen Mandelblättchen abschließen. Etwa 30 Minuten goldgelb backen.

Selbstgemachtes Zwetschgenmus:
Dafür 1 kg reife Zwetschgen waschen und entsteinen, in einem Topf langsam weichkochen. Das Mus in die Saftpfanne des Backofens geben, etwa 50 g Zucker und 1 Zimtstange oder etwas Zimtpulver unterrühren. Das Mus bei 150 Grad etwa 30 Minuten schmoren, dabei die Ofentür einen Spalt offen lassen. Wieder 50 g Zucker unterrühren und das Mus 30 Minuten schmoren. So fortfahren, bis Sie 250 g Zucker verbraucht haben. Das fertige Mus in gut gesäuberte Gläser füllen und diese sofort verschließen.

Topfengratin mit Brombeeren

Zutaten für 3–4 Personen:

2 Eiweiß und 4 Eidotter
1 Päckchen Vanillezucker
2 Eßl. Zucker
2 Eßl. gemahlene Haselnüsse
250 g Topfen
1 unbehandelte Zitrone (Saft und abgeriebene Schale)
Fett für die Form
400 g Brombeeren

Den Backofen auf 200 Grad vorheizen.
Das Eiweiß zu steifem Schnee schlagen, dabei den Vanillezucker einrieseln lassen. Die Eidotter mit Zucker, Haselnüssen, Topfen, Zitronenschale und Zitronensaft glattrühren, den Eischnee vorsichtig unterheben.
Die Topfencreme in eine gefettete, breite Gratinform umfüllen. Die Brombeeren verlesen und in die Form streuen, das Gratin im Ofen knapp 30 Minuten backen. In der Form servieren.

Süße Nudelnester mit Kirschen

Zutaten für 4 Personen:

150 g Bandnudeln
Salz
75 g Schlagrahm
1 Eßl. Amaretto oder Kirschlikör
4 Eßl. Zucker
50 g Marzipan-Rohmasse
50 g gemahlene, geschälte Mandeln
1 kleines Glas Sauerkirschen
2 Eßl. Mandelblättchen
2 Eiweiß

Die Nudeln in reichlich leicht gesalzenem Wasser nach der Packungsbeschreibung al dente garen. Den Backofen auf 175 Grad vorheizen.
In einer kleinen Auflaufform den Rahm mit Amaretto und 1 Eßlöffel Zucker verrühren. Die Nudeln gut abtropfen lassen und in die Form geben, zu vier Nestern formen. Marzipan weichkneten, mit den gemahlenen Mandeln, etwa 5 Eßlöffeln Kirschsaft aus dem Glas und 1 Eßlöffel Mandelblättchen vermengen. Mit einem Eßlöffel 4 Nockerl daraus formen und in die Nudelnester setzen. Etwa 120 g gut abgetropfte Kirschen dazugeben. Das Eiweiß steif schlagen, dabei den restlichen Zucker einrieseln lassen. Den Eischnee über die Nudeln geben, 1 Eßlöffel Mandelblättchen aufstreuen. Etwa 20 Minuten überbacken.

Tip:
Die Nudelnester mit frischen Früchten zubereiten. Frische Sauerkirschen entsteinen, in wenig Zuckersirup ganz kurz dünsten, dann gut abtropfen lassen.

Variationen:
Nach Geschmack und Saison andere Früchte verwenden. Gut passen auch Zwetschgen und Marillen.

Früchteauflauf

Zutaten für 4–6 Personen:

4 Eier (getrennt)
1 Prise Salz
250 g Topfen
4 Eßl. Birnendicksaft oder Honig
75 g Hirseflocken
70 g gehackte, geröstete Haselnüsse
Butter für die Form
200 g reife Marillen
200 g Zwetschgen
40 g Pignoli

Den Backofen auf 200 Grad vorheizen.
Eiweiß mit einer Prise Salz zu steifem Schnee schlagen, kalt stellen. Die Eidotter mit Topfen und Birnendicksaft oder Honig glattrühren, dann die Hirseflocken und die Haselnüsse unterziehen. Den Eischnee unterheben, in eine breite, gebutterte Auflaufform umfüllen. Die Früchte waschen, entsteinen und kleinschneiden, in die Form verteilen, mit den Pignoli bestreuen. Etwa 20 Minuten goldgelb backen.

Reisauflauf mit Quitten ▷▷
Früchteauflauf ▷

Aufläufe & Soufflés

Reisauflauf mit Quitten

Zutaten für 3–4 Personen:

1 mittelgroße Quitte
2 Eßl. Zitronensaft
4 Eßl. Zucker
300 ml Milch
100 g Rundkornreis
etwas abgeriebene, unbehandelte Zitronenschale
2 Eßl. weiche Butter
2 Eier (getrennt)
100 g eingelegte Preiselbeeren
Fett für die Form
2–3 Eßl. Mandelblättchen

Die Quitte schälen, entkernen und klein würfeln. Mit dem Zitronensaft und 2 Eßlöffeln Zucker aufkochen, zugedeckt bei schwacher Hitze 15 Minuten köcheln lassen.
Die Milch und 2 Eßlöffel Zucker aufkochen, den Reis einstreuen, mit abgeriebener Zitronenschale würzen. Zugedeckt bei sehr milder Hitze ausquellen lassen.
Den Backofen auf 200 Grad vorheizen.
Butter und die Eidotter schaumig rühren, den Milchreis dazugeben. Die Preiselbeeren und die abgetropften Quitten untermengen. Das Eiweiß steif schlagen und unterheben. In eine gefettete Auflaufform umfüllen, Mandelblättchen aufstreuen. Im Ofen etwa 35 Minuten backen, dabei mit Alufolie abdecken, wenn die Oberfläche zu dunkel oder zu trocken wird.

Tip:
Die Quitten können Sie gut auch durch feste Äpfel oder Birnen ersetzen. Diese Früchte müssen nur ganz kurz vorgegart werden.

Variation: exotischer Reisauflauf
Dafür Milchreis aus 100 g Rundkornreis, 300 ml Milch und 2 Eßlöffeln Zucker kochen, wie oben beschrieben. Butter und Eidotter verrühren und untermengen, Eischnee unterheben. Kleingeschnittene exotische Früchte wie Mango, Kiwi oder Sharon untermengen, alles in eine gebutterte Form geben.
Getrocknete Kokosraspel aufstreuen, Butterflöckchen obenauf geben, den Auflauf etwa 35 Minuten backen.

Mohnsoufflé

Zutaten für 4 Personen:
200 ml Milch
1 Prise Salz
1 Eßl. Zucker
1 Eßl. Butter
30 g Grieß
20 g Mohn
3 kleine Eier (getrennt)
Butter und Zucker für die Förmchen
150 g frische Himbeeren

Milch mit einer Prise Salz, Zucker und Butter aufkochen. Den Grieß und den Mohn einrühren, unter Rühren dicklich kochen. Abkühlen lassen.
Den Backofen auf 200 Grad vorheizen.
Eidotter unter die Grießmasse rühren, das Eiweiß steif schlagen und unterheben. Die Masse in vier gebutterte, mit Zucker ausgestreu feuerfeste Förmchen oder Tassen umfüllen, sofort im Ofen etwa 20 Minuten garen.
Aus den Formen lösen, mit Himbeeren anrichten und sofort servieren.

:schenmichel

ıten für 4 Personen:

g entrindetes Weißbrot vom
ʼortag
ml lauwarme Milch
; Kirschen (süße oder saure,
ıach Geschmack)
: weiche Butter
er (getrennt)
g Zucker
ɛl. Zimtpulver
Teel. abgeriebene,
ınbehandelte Zitronenschale
und gemahlene Mandeln
ür die Form

Weißbrot in dünne Scheiben
ıeiden, mit der Milch
rgießen, quellen lassen. Die
chen waschen und entsteinen.
ı Backofen auf 200 Grad
ıeizen.
ter, Eidotter, Zucker, Zimt und
onenschale gut schaumig
ren. Das Eiweiß steif schlagen
unterheben.
Boden einer gut gefetteten, mit
ıdeln ausgestreuten Form mit
eweichten Brotscheiben
egen, Kirschen darauf verteilen.
: und Kirschen weiter ein-
chten. Den Eierschaum darüber
eilen, den Auflauf im Ofen
a 50 Minuten backen.

Kirschenmichel ▷

Ertrunkene Kapuziner

Zutaten für 6 Personen:

75 g Zucker
2 Päckchen Vanillezucker
¼ l Rotwein
1 Zimtstange
3 Gewürznelken
ein Stück unbehandelte Zitronenschale
125 g Rosinen
5 kleine Eier
40 g gemahlene Mandeln
1 kleines Stangenweißbrot vom Vortag (etwa 300 g; oder 4–5 Semmeln)
Öl zum Ausbacken und für die Form

Den Backofen auf 175 Grad vorheizen.
Zucker mit dem Vanillezucker mischen, die Hälfte davon mit d Rotwein, Zimt, Nelken und Zitronenschale erhitzen, ziehen lassen. Dann abseihen, im Topf weiterhin warm halten, die Rosinen darin einweichen.
Die Eier aufschlagen, mit den Mandeln verquirlen. Das Brot in dünne Scheiben schneiden. Nac und nach von beiden Seiten in d Eiermasse drücken, in einer gro Pfanne in reichlich erhitztem Ö von beiden Seiten goldbraun bra und anschließend auf Küchenpa

△ Ertrunkene Kapuziner
◁ Kastaniensoufflé

ıbtropfen lassen. In eine gefettete Auflaufform schichten, jeweils etwas Zucker aufstreuen, etwas Wein aufträufeln und Rosinen ıufstreuen. Im Ofen 10–15 Minuten überbacken, heiß servieren.

Salzburger Nockerln

Zutaten für 2 Personen:

0 g Butter
0 g Schlagrahm
Päckchen Vanillezucker
Eidotter
twas abgeriebene, unbehandelte Zitronenschale
Eiweiß
Prise Salz
Msp. Backpulver
0 g Zucker
0 g Mehl
taubzucker zum Bestreuen

Den Backofen auf 250 Grad vorheizen, eine feuerfeste Form mit 0 g Butter gründlich fetten, mit in den Ofen stellen.
0 g Butter mit dem Schlagrahm und 1 Teelöffel Vanillezucker in einem Topf einmal aufkochen, beiseite stellen.
Die Eidotter mit Zitronenschale und dem restlichen Vanillezucker gründlich verschlagen. Das Eiweiß zu steifem Schnee schlagen, dabei eine Prise Salz und das Backpulver untermengen. Den Zucker nach und nach einrieseln lassen, auf die Eiercreme geben. Das Mehl darübersieben, alles vermischen. Die Rahmbutter in die heiße Form gießen. Aus dem Teig mit einem Teigspatel 3 Nockerl formen und diese nebeneinander in die vorbereitete Form setzen. Bei jedem Nockerl oben mit dem Spatel eine kleine Spitze formen. Die Form dann sofort in den vorgeheizten Ofen stellen, die Nockerln etwa 7 Minuten goldbraun backen. Mit Staubzucker bestreut sofort servieren.

Kastaniensoufflé

Zutaten für 4 Personen:

200 g getrocknete Kastanien (Maroni)
1/4 l Milch
50 g weiche Butter
1 Päckchen Vanillezucker
75 g Zucker
50 ml Grappa
4 Eier (getrennt)
Butter und Zucker für die Form
Staubzucker zum Bestreuen

Die Kastanien über Nacht in kaltem Wasser einweichen. Abtropfen lassen, in der Milch etwa 20 Minuten kochen, anschließend pürieren.
Den Backofen auf 200 Grad vorheizen.
Weiche Butter, Vanillezucker, Zucker und die Grappa verschlagen, nach und nach die Eidotter und das Kastanienpüree unterziehen. Eiweiß zu steifem Schnee schlagen, unter den Teig heben. Sofort in eine gebutterte, leicht mit Zucker ausgestreute Form umfüllen, im Ofen etwa 35 Minuten backen. Mit Staubzucker bestreut servieren.

Palatschinken Schmarren

Überbackene Topfenpalatschinken

Zutaten für 4 Personen:

Für die Palatschinken:
1 kleines Ei
1 Prise Salz
1 Teel. Zucker
150 ml Milch
100 g Mehl
Butter zum Backen und für die Form
Staubzucker zum Bestreuen

Für die Füllung:
3 kleine Eier (getrennt)
50 g Zucker
50 g weiche Butter
etwas abgeriebene, unbehandelte Zitronenschale
175 g Topfen
75 g Schlagrahm

Zum Begießen:
1 Ei
1 Teel. Zucker
50 ml Milch

Für die Palatschinken das Ei mit Salz, Zucker, Milch und Mehl zu einem glatten, dünnflüssigen Teig verrühren, etwa 1/2 Stunde quellen lassen. Anschließend in einer gebutterten Pfanne vier dünne Palatschinken daraus backen.

Den Backofen auf 175 Grad vorheizen. Für die Füllung Eiweiß zu steifem Schnee schlagen, dabei 1 Eßlöffel Zucker einrieseln lassen. Die Eidotter mit dem restlichen Zucker, Butter und Zitronenschale schaumig schlagen, Topfen und Schlagrahm unterrühren, dann den Eischnee unterheben.
Die Topfenmasse auf die Palatschinken streichen, aufrollen und nebeneinander (!) in eine breite, gefettete Auflaufform legen. Zum Begießen das Ei mit Zucker und Milch verquirlen. Über die Palatschinken träufeln, im Ofen etwa 30 Minuten backen. Mit Staubzucker bestreut servieren.

◁◁ Überbackene Topfenpalatschinken

Palatschinken (Grundrezept)

Zutaten für 4 Personen:

400 ml Milch
250 g Mehl
1 Prise Salz
3 Eier
Öl oder Butter zum Backen

Zuerst Milch und Mehl gut verrühren, dann Salz und die Eier unterschlagen, bis ein glatter Teig entstanden ist.
Eine beschichtete Pfanne fetten und mittelstark erhitzen. Eine Kelle Teig hineingießen, durch Schwenken der Pfanne dünn verteilen, goldgelb backen. Nach und nach 12 dünne Palatschinken backen.

Servierideen:
Auf schnelle Art die Palatschinken mit Konfitüre bestreichen oder mit Orangenlikör, Rum oder einem anderen Alkohol beträufeln. Gut paßt auch eine Sauce aus in etwas Rahm aufgelöster Schokolade oder Nougat. Für eine festliche Variante Orangenlikör mit etwas Zucker verrühren, in einem kleinen Topf etwas erwärmen, über die Palatschinken träufeln und vorsichtig anzünden.

Kirsch-Omelett

Zutaten für 4 Personen:

6 Eier
3 Eßl. Zucker
1 Prise Salz
1/4 l Milch
250 g Mehl
500 g Sauerkirschen
Butter zum Backen
Staubzucker

Eier, Zucker, Salz und die Milch verquirlen, dann das Mehl nach und nach unterziehen. Den Teig quellen lassen.
Die Kirschen waschen und entsteinen, gut abtropfen lassen. Eine Pfanne leicht buttern, ein Viertel des Teiges hineingeben, durch Schwenken der Pfanne verteilen. Ein Viertel der Kirschen darauf verteilen, bei schwacher Hitze das Omelett von beiden Seiten goldgelb backen. Nacheinander 4 Omeletts backen, mit Staubzucker bestreut servieren.

Kirsch-Omelett ▷

Grießschmarren mit Apfelkompott

Zutaten für 4 Personen:

Für den Schmarren:
200 ml Milch
1 Prise Salz
2 Eßl. Vanillezucker
2 Eßl. Butter
50 g Grieß
4 Eier (getrennt)
125 g Topfen
60 g Mehl
Butter zum Backen
Staubzucker

Für das Apfelkompott:
500 g säuerliche Äpfel
1 Päckchen Vanillezucker
50 g Zucker
1 Zimtstange
Saft von 2 Zitronen

Die Milch mit einer Prise Salz, Vanillezucker und Butter aufkochen, den Grieß einrieseln lassen und dicklich kochen. Abkühlen lassen.
Inzwischen das Apfelkompott kochen: dafür die Äpfel schälen, vierteln, entkernen und in dünne Spalten schneiden. Mit Vanillezucker, Zucker, Zimt und Zitronensaft in einem Topf vermischen, zugedeckt einige Minuten durchkochen. Abkühlen lassen.

△ Grießschmarren mit Apfelkompott
◁ Kaiserschmarren

)en Backofen auf 175 Grad
orheizen.
ür den Schmarren die Eidotter,
lann den Topfen und das Mehl
nter den abgekühlten Grieß
ühren. Zuletzt das Eiweiß steif
chlagen und unterheben.
Butter in einem großen Bräter auf
lem Herd aufschäumen, den Teig
ineingeben und kurz backen.
)ann in den vorgeheizten Backofen
tellen und auf der Unterseite
oldgelb backen. Mit zwei Gabeln
n Stücke reißen, dabei wenden,
vieder etwas Butter dazwischen
eben, den Schmarren fertigbacken.
Oder den Schmarren in zwei
Portionen in zwei großen,
eschichteten Pfannen auf dem
Herd backen.) Mit Staubzucker
estreuen, mit Apfelkompott
ervieren.

Kaiserschmarren

Zutaten für 4 Personen:

100 g Rosinen
6 Eßl. Rum
8 Eier (getrennt)
8 Eßl. Zucker
2 Päckchen Vanillezucker
1 Prise Salz
200 g Mehl
400 ml Milch
etwa 125 g kalte Butter
100 g Mandelstifte
Staubzucker zum Bestreuen

Die Rosinen kalt abbrausen, abtropfen lassen und im Rum ziehen lassen. Das Eiweiß steif schlagen, dabei 2 Eßlöffel Zucker einrieseln lassen. Die Eidotter mit dem übrigen Zucker, den Vanillezucker und Salz schaumig schlagen, das Mehl und die Milch, zum Schluß die Rosinen untermischen. Den Eischnee vorsichtig unterheben.
Je gut ein Viertel der Butter in zwei großen, beschichteten Pfannen zerlassen. Den Teig in die Pfannen gießen und bei milder Hitze auf der unteren Seite goldbraun werden lassen. Dann mit zwei Gabeln in Stücke zerzupfen, dabei wenden, die übrige Butter in kleinen Flöckchen in die Pfannen geben und die Mandelstifte einstreuen. Die Schmarren weiter backen, bis die Stücke goldbraun sind. Mit Staubzucker bestreut möglichst sofort servieren.

Beilagen:
Zum Kaiserschmarren können Sie bestens auch ein Apfelkompott (siehe beim Rezept Grießschmarren) servieren. Ebenfalls typisch: Zwetschgenröster (siehe Seite 63).

Mikrowellentip:
Haben Sie ein Mikrowellengerät? Darin gelingt Kaiserschmarren bestens. Für 2 Personen 50 g Rosinen in etwas Rum ziehen lassen. 3 Eßlöffel Zucker und 5–6 Eßlöffel Wasser in eine breite, hitzebeständige und mikrowellenfeste Form geben, den Zucker bei voller Leistung in 4–5 Minuten goldbraun karamelisieren lassen. Inzwischen 100 g Mehl, Vanillezucker, 1 Prise Salz, 4 Eidotter und 200 ml Milch glattrühren, das zu steifem Schnee geschlagene Eiweiß und die Rosinen unterheben. Zum karamelisierten Zucker geben, bei halber Leistung etwa 5 Minuten backen, zerrupfen, Butter dazwischen geben, den Schmarren bei halber Leistung fertig backen. Mit Staubzucker bestreuen.

Palatschinken, Schmarren

Rahmdalken

Zutaten für 3–4 Personen:

Eier (getrennt)
00 g Zucker
50 g Sauerrahm
00 g Mehl
Prise Salz
Öl zum Backen
Staubzucker zum Bestreuen
Zwetschgenröster (siehe Seite 63)
oder Rhabarberkompott

)as Eiweiß zu nicht ganz steifem chnee schlagen, dabei den Zucker inrieseln lassen. Eidotter mit auerrahm, Mehl und Salz glatt- ühren, den Eischnee vorsichtig nterheben.
ine mit Öl gefettete, beschichtete fanne mittelstark erhitzen, für eden Dalken 1–2 Eßlöffel Teig ineingeben, zu dicken, goldgelben 'alatschinken backen. Mit taubzucker bestreuen. Dazu wetschgenröster oder Rhabarber- ompott servieren.

eilage: Rhabarberkompott
eben Zwetschgenröster paßt auch n säuerliches Rhabarberkompott u den Rahmdalken. Dafür etwa 00 g Rhabarber putzen und leinschneiden, mit etwas ɔgeriebener Zitronenschale, Zitronensaft, 1 Päckchen Vanillinzucker, 40 g Zucker und einer Zimtstange sowie etwas Wasser gut zugedeckt bei mittlerer Hitze nur wenige Minuten dünsten, der Rhabarber sollte nicht ganz zerfallen. Das Kompott vor dem Servieren gut abkühlen lassen.

Rahmdalken

Apfelschmarren

Zutaten für 4 Personen:

3–4 säuerliche, feste Äpfel (z.B. Boskop, Jonathan)
3 Eßl. Zucker
1 Eßl. Zitronensaft
4 Eier (getrennt)
1 Päckchen Vanillezucker
1 Prise Salz
350 ml Milch
120 g Mehl
Butter zum Backen
Staubzucker

Die Äpfel vierteln, entkernen, schälen und in dünne Spalten schneiden. 1 Eßlöffel Zucker, Zitronensaft und wenig Wasser aufkochen, die Apfelspalten darin ganz kurz dünsten, anschließend mit einem Schaumlöffel aus dem Topf heben und gut abtropfen lassen.
Die Eidotter, 2 Eßlöffel Zucker, Vanillezucker und eine Prise Salz schaumig schlagen, die Milch und dann nach und nach das Mehl unterziehen. Eiweiß zu steifem Schnee schlagen und vorsichtig unterheben.
Die Butter in zwei beschichteten Pfannen aufschäumen, den Teig und die Apfelspalten hineingeben. Bei milder Hitze auf der Unterseite goldbraun backen, dann mit Gabeln in Stücke reißen, wenden, noch Butterflöckchen dazwischengeben, die Schmarren fertigbacken. Mit Staubzucker bestreuen.

Tip:
Der Schmarren gelingt auch im Backofen in einer Bratreine. Backen Sie ihn bei guter Mittelhitze auf der mittleren Schiene.

Variationen:
Nach diesem Rezept gelingen immer wieder andere fruchtige Schmarren. Am besten schmecken alle leicht säuerlichen Obstsorten wie Quitten, Marillen oder Stachelbeeren.

Palatschinken, Schmarren

Crêpes mit Sahnekaramel

Zutaten für 6 Personen:

2 mittelgroße Eier
Salz
100 ml Mineralwasser
60–70 g Mehl
40 g Butter
30 g Zucker
50 g Mandelstifte
200 g Schlagrahm

Für den Teig die Eier mit einer Prise Salz und Mineralwasser verquirlen, dann das Mehl unterrühren, 30 Minuten quellen lassen.
Aus dem Teig dann in einer großen beschichteten Pfanne in ganz wenig Butter nacheinander 6 dünne, goldbraune Crêpes backen.
Die übrige Butter zerlassen, den Zucker darin unter Rühren goldbraun karamelisieren. Die Mandeln einrühren, mit dem Rahm ablöschen und etwas einkochen lassen. Sahnekaramel zu den Crêpes servieren.

Flambierte Buchweizencrêpes

Zutaten für 6 Personen:

2 mittelgroße Eier, Salz
100 ml Mineralwasser
30 g Buchweizenmehl
30 g feines Weizenmehl
etwas abgeriebene, unbehandelte Orangenschale
20 g Butter
30 g Sonnenblumenkerne
100 g Orangenmarmelade
75 ml Orangenlikör

Für den Teig die Eier mit einer Prise Salz und Mineralwasser verquirlen, dann beide Mehlsorten und die Orangenschale unterrühren. Den Teig etwa 45 Minuten quellen lassen.
Anschließend aus dem Teig in einer großen beschichteten Pfanne in ganz wenig Butter nacheinander 6 dünne, goldbraune Crêpes backen, dabei jeweils einige Sonnenblumenkerne aufstreuen.
Die Orangenmarmelade leicht erwärmen, die Crêpes damit bestreichen und locker zusammengefaltet auf Tellern anrichten. Den Orangenlikör in einem kleinen Topf leicht erwärmen, über die Crêpes träufeln und mit einem langen Streichholz anzünden.

Crêpes mit Feigen

Zutaten für 6 Personen:

2 mittelgroße Eier
Salz
100 ml Mineralwasser
60–70 g Mehl
6–8 frische Feigen
50 ml Grappa
2 Eßl. Staubzucker
Butter zum Backen
Staubzucker zum Bestreuen

Für den Teig die Eier mit einer Prise Salz und Mineralwasser verquirlen, dann das Mehl unterrühren, 30 Minuten quellen lassen.
Die Feigen vorsichtig abreiben ode waschen, vierteln und mit der Grappa in einen Topf geben. Staubzucker darüber streuen, zugedeckt leicht erwärmen. Die Feigen im Sud abkühlen lassen.
Aus dem Teig in einer beschichteten Pfanne in wenig Butter nacheinander 6 Crêpes backen. Mit den Feigen anrichten, mit Staubzucker bestreuen.

Crêpes mit Feigen

Orangen-Rahm-Schmarren

Zutaten für 4 Personen:

3 unbehandelte Orangen
4 Eier (getrennt), 1 Prise Salz
4 Eßl. Zucker
250 g Sauerrahm
150 g Mehl
Butter zum Backen
Kakaopulver

Die Orangen heiß abwaschen, d Schale in Spänen abziehen oder abreiben. Die Fruchtspalten zwischen den Trennhäutchen herausschneiden.
Eiweiß steif schlagen, dabei eine Prise Salz und 2 Eßlöffel Zucker einrieseln lassen. Kalt stellen.
Eidotter mit Sauerrahm, 2 Eßlöf Zucker und etwas Orangenschal glattrühren, das Mehl und dann Eischnee unterziehen.
Butter in zwei großen, beschichteten Pfannen aufschäumen, der Teig hineingießen. Auf der Unterseite goldgelb werden lass dann wenden und mit zwei Gab in Stücke reißen. Wieder Butterflöckchen dazwischengeb außerdem die Orangenstücke einlegen. Noch einige Minuten weiterbacken. Mit Orangenscha bestreut und mit Kakaopulver d bestäubt servieren.

◁ Orangen-Rahm-Schmarren

Palatschinken, Schmarren

'opfen-Schmarren
ıit Zwetschgenröster

ıtaten für 4 Personen:

)0 g Rosinen
Eßl. Orangenlikör
Eier (getrennt)
Eßl. Zucker
)0 g Topfen
Teel. abgeriebene, unbehandelte Zitronenschale
Päckchen Vanillezucker
) g gemahlene Mandeln
60 g Mehl
)0 g Butter zum Braten
taubzucker zum Bestreuen
wetschgenröster

ie Rosinen abbrausen, gut ıtropfen lassen und im rangenlikör ziehen lassen. as Eiweiß zu steifem Schnee :hlagen, dabei 2 Eßlöffel Zucker nrieseln lassen. Die Eidotter mit opfen, Zitronenschale, 2 Eßlöffeln ucker, Vanillezucker und den landeln sorgfältig verrühren, dann ıs Mehl und die Rosinen ıterrühren, zum Schluß den schnee nach und nach locker ıterheben.
 ein Viertel der Butter in zwei oßen, beschichteten Pfannen ıfschäumen. Den Teig ıneingeben und bei milder Hitze auf der Unterseite etwas bräunen. Mit 2 Gabeln in Stücke zerrupfen, die Stücke wenden. Die übrige Butter in kleinen Flöckchen dazwischengeben und den übrigen Zucker einstreuen. Weiter backen, bis die Teigstücke braun sind und der Zucker karamelisiert ist. Mit Staubzucker bestreut sofort servieren. Zwetschgenröster dazu reichen.

Für den Zwetschgenröster:

600 g reife, feste Zwetschgen
50 g Zucker
etwas Zimtpulver
1 Teel. abgeriebene, unbehandelte Zitronenschale

Die Zwetschgen waschen, halbieren und entsteinen. Zucker in einer trockenen Pfanne hellbraun karamelisieren lassen, die Zwetschgen dazugeben und bei starker Hitze rühren. Wenn der Zwetschgensaft auszutreten beginnt, Zimt und abgeriebene Zitronenschale darüberstreuen. Den Röster bei mittlerer Hitze etwa 10 Minuten einkochen.

Palatschinken mit bunten Früchten

Zutaten für 4 Personen:

Palatschinkenteig wie auf Seite 54 beschrieben
200 g Erdbeeren
2 reife Pfirsiche
125 g Himbeeren
2 Kiwis
2 Eßl. Apfeldicksaft
1 Päckchen Vanillezucker
2 Eßl. Orangenlikör
Butter zum Backen
Staubzucker zum Bestäuben

Den Palatschinkenteig anrühren. Die Erdbeeren waschen und putzen, die Pfirsiche in Spalten vom Stein abschneiden, die Himbeeren verlesen, die Kiwis schälen und in Spalten schneiden. Apfeldicksaft mit Vanillezucker und Orangenlikör vermischen, die Früchte darin wenden.
In einer beschichteten Pfanne dünne Palatschinken backen, mit den Früchten gefüllt servieren. Dünn mit Staubzucker bestreuen.

rießschnitten mit habarberkompott

ıtaten für 4 Personen:

0 ml Milch
Eßl. Honig
Prise Salz
5 g Grieß
Eidotter
g Semmelbrösel
ıtter zum Braten
habarberkompott (siehe Seite 59)

ie Milch mit dem Honig und ner Prise Salz aufkochen, den rieß einrieseln lassen, bei milder itze unter häufigem Rühren etwa 0 Minuten ausquellen lassen. ann vom Herd ziehen, das dotter unterrühren. Etwa 1 cm och in eine kalt ausgespülte Form llen, glattstreichen und darin kalten lassen.
en erkalteten Grießbrei aus der rm stürzen, in Rauten oder dere Stücke schneiden. In emmelbröseln wenden, in Butter einer großen Pfanne goldbraun aten. Mit Rhabarberkompott rvieren.

ariationen:
ı den Grießschnitten schmeckt ich ein Stachelbeerkompott. enn es schnell gehen soll, bestreuen Sie die Schnitten einfach mit etwas Zimtzucker. Für eine besondere Gelegenheit können Sie einen Kiwi-Erdbeer-Salat zubereiten. Dafür 4 Kiwis schälen, halbieren und in dünne Scheiben schneiden. Etwa 200 g Erdbeeren waschen, putzen und etwas kleinschneiden. Die Früchte mit etwas Orangenlikör und Staubzucker vermengen, zugedeckt kalt stellen.

Hübsche Servieridee:
Aus der abgekühlten Grießmasse mit einem Glas runde Taler oder mit Plätzchenausstechern dekorative Formen ausstechen. Diese wie beschrieben in Butter braten und zusammen mit Kompott oder einem Obstsalat anrichten.

Grießschnitten mit Rhabarberkompott

Nuß-Palatschinken mit Schokoladensauce

Zutaten für 6 Personen:

Palatschinkenteig wie auf Seite 54 beschrieben
200 g Walnußkerne
1/8 l Milch
75 g Marillenkonfitüre
2 Eßl. Rum
150 g zartbittere Schokolade
150 g Schlagrahm
evtl. Schlagrahm zum Dazureichen

Den Palatschinkenteig anrühren und quellen lassen. Für die Füllung die Walnüsse (einige zum Garnieren grob hacken und beiseite stellen) fein mahlen. Die Milch aufkochen, die gemahlenen Walnüsse und die Marillenkonfitüre einrühren, mit Rum verfeinern. Vom Herd ziehen.
Für die Schokoladensauce die Schokolade hacken, im Rahm in einem kleinen Topf unter Rühren schmelzen lassen, warm halten. Die Palatschinken backen, mit Nußfüllung bestreichen und aufrollen. Je zwei Palatschinken auf einem Teller anrichten, mit Schokoladensauce übergießen und mit gehackten Walnüssen bestreuen. Eventuell mit geschlagenem Rahm servieren.

Puddinge

Mohr im Hemd

Zutaten für 4 Personen:

Butter und Staubzucker für die Förmchen
35 g zartbittere Schokolade
2 Eier (getrennt)
35 g weiche Butter
35 g Zucker
35 g gemahlene Mandeln
1–2 Teel. Semmelbrösel
Staubzucker zum Bestreuen

Den Backofen auf 200 Grad vorheizen, vier feuerfeste Förmchen fetten und mit Staubzucker ausstreuen.
Die Schokolade hacken, in einer Wasserbadschüssel unter Rühren schmelzen lassen.
Eiweiß zu steifem Schnee schlagen, beiseite stellen. Eidotter mit Butter und Zucker cremig schlagen, dann die geschmolzene Schokolade, Mandeln und die Semmelbrösel unterrühren. Den Eischnee unterheben, den Teig in die vorbereiteten Förmchen umfüllen. Mit gefetteter Alufolie abdecken, im Wasserbad im Ofen etwa 50 Minuten garen.
Kurz zugedeckt in den Förmchen ruhen lassen, dann auf Teller stürzen und dünn mit Staubzucker bestreuen.

◁◁ Mohr im Hemd

Beilagen:
Halbsteif geschlagenen Rahm oder Vanillesauce (aus dem Päckchen oder nach dem Rezept auf Seite 32 zubereitet) dazu reichen.

Variationen:
Das klassische Rezept für Mohr im Hemd können Sie immer wieder nach Geschmack abwandeln. Verwenden Sie Vollmilchschokolade, dann schmeckt der Auflauf etwas süßer. Mit Mokkaschokolade wird er aromatischer, wenn Sie zudem etwas aufgelösten Instantkaffee dazugeben, bekommt er einen feinen Mokkageschmack. Statt der Mandeln können Sie gemahlene Haselnüsse verwenden, der Auflauf wird viel kräftiger. Ebenfalls sehr fein schmeckt er, wenn Sie gemahlene Walnüsse statt der Mandeln zum Teig geben. Wenn Sie Mohr im Hemd nach einer dieser Ideen abwandeln, können Sie auch anders gewürzten Rahm dazu servieren. Ziehen Sie beispielsweise etwas aufgelösten Kaffee darunter.
Ebenfalls raffiniert: geraspelte weiße Schokolade untermengen.

Marillenpudding

Zutaten für 8 Personen:

750 g reife Marillen (Aprikosen)
100 g Zucker
150 g Schlagrahm
1 Eßl. Speisestärke
1 Päckchen Vanillezucker
4 Eier
1 Prise Salz
Schlagrahm zum Dazureichen
Marillengeist

Den Backofen auf 175 Grad vorheizen. Ein Wasserbad vorbereiten.
Die Marillen waschen, halbieren und entsteinen, mit den Rundungen nach oben in eine gebutterte Gratinform legen, leicht zuckern (eventuell zwei Schichten übereinander legen).
Den übrigen Zucker mit Rahm, Speisestärke, Vanillezucker, Eiern und einer Prise Salz verquirlen, über die Marillen gießen. Im Wasserbad im Backofen etwa 40 Minuten garen.
Lauwarm oder abgekühlt mit Schlagrahm servieren. Diesen zuvor mit etwas Marillengeist aromatisieren.

Joghurtpudding mit Rumkirschen

Zutaten für 4 Personen:

350 g Vollmilchjoghurt
1 Prise Salz
75 g Zucker
2 Teel. Vanillezucker
abgeriebene, unbehandelte Zitronenschale
4 Eidotter
3 gestr. Teel. Speisestärke
Butter und Zucker für die Förmchen

Für die Kirschen:
400 g Kirschen
3 Eßl. Zucker
5 Eßl. Rum

Den Backofen auf 175 Grad vorheizen, ein Wasserbad vorbereiten. Joghurt mit Salz, Zucker, Vanillezucker und etwas Zitronenschale verrühren, die Eidotter und die Speisestärke unterziehen. Vier feuerfeste Tassen oder Förmchen fetten und mit Zucker ausstreuen, die Joghurtmasse einfüllen. Mit Alufolie zudecken, im heißen Wasserbad im Ofen etwa 50 Minuten garen.
Die Kirschen waschen, entsteinen mit Zucker und Rum vermischt ziehen lassen.
Die Puddinge stürzen, mit den Rumkirschen anrichten.

Joghurtpudding mit Rumkirschen ▷

Kastanienkoch

Zutaten für 4 Personen:

250 g Kastanien (Maroni)
1/8 l Milch
70 g weiche Butter
5 Eidotter und 3 Eiweiß
50 g Zucker
Butter für die Form
Weinschaumsauce (siehe Seite 90)

Die Kastanien einritzen, im Ofen bei 225 Grad 15 Minuten backen. Etwas abkühlen lassen, schälen und in der Milch weich kochen. Anschließend abtropfen lassen und passieren, etwa 140 Gramm abwiegen.
Die Butter gut flaumig rühren, nach und nach die Eidotter unterrühren. Die passierten Kastanien und den Zucker unterrühren. Das Eiweiß zu steifem Schnee schlagen und locker unterheben. In vier kleine, gebutterte feuerfeste Förmchen füllen, im Wasserbad im Ofen bei 200 Grad etwa 40 Minuten backen. Stürzen, noch warm mit Weinschaumsauce servieren.

Nußkoch mit Schokoladenrahm

Zutaten für 4 Personen:

3 Eier (getrennt)
75 g Zucker
40 g Mehl
75 g gemahlene Walnüsse
20 g Semmelbrösel
Butter und Semmelbrösel für die Formen
Schokoladenrahm

Den Backofen auf 175 Grad vorheizen, ein Wasserbad für die Förmchen vorbereiten.
Eiweiß zu steifem Schnee schlagen, etwa 40 g Zucker einrieseln lassen. Kalt stellen.
Die Eidotter mit 35 g Zucker über einem warmen Wasserbad hellcremig aufschlagen. Anschließend kalt schlagen.
Das Mehl mit den Walnüssen und den Semmelbröseln mischen, unter die Eigelbcreme ziehen. Den Eischnee daraufsetzen und vorsichtig unterheben.
Den Teig in vier gebutterte, mit Semmelbröseln ausgestreute Puddingförmchen oder feuerfeste Tassen umfüllen. Mit Alufolie verschließen, im Wasserbad im Ofen etwa 40 Minuten garen. Etwas auskühlen lassen, dann stürzen und auf Tellern mit dem Schokoladenrahm servieren.

Für den Schokoladenrahm:
60 g zartbittere Schokolade oder Mokkaschokolade
75 g Schlagrahm
nach Geschmack wenig Orangenlikör oder anderen Alkohol zum Aromatisieren

Die Schokolade hacken, mit dem Schlagrahm in eine Schüssel geben und darin überm heißen Wasserbad unter häufigem Rühren schmelzen lassen. Nach Geschmack mit Likör aromatisieren.

Nußkoch mit Schokoladenrahm ▷

Brotpudding mit Birnen und Mokkasauce

Zutaten für 8–10 Portionen:

75 g Rosinen
3 Eßl. Birnenschnaps oder Grappa
3–4 Semmeln (etwa 150 g; oder Weißbrot)
1/4 l warme Milch
4 Eier (getrennt)
75 g Zucker
75 g gemahlene Mandeln
300 g aromatische Birnen
Butter und gemahlene Mandeln für die Form

Für die Sauce:
100 g Mokkaschokolade
200 g Schlagrahm
2 Eßl. lösliches Kaffeepulver

Die Rosinen heiß abbrausen, abtropfen lassen und im Birnenschnaps oder in Grappa marinieren.
Die Semmeln kleinschneiden, mit der warmem Milch übergießen und quellen lassen.
Den Backofen auf 200 Grad vorheizen, ein Wasserbad vorbereiten.
Die Eiweiß zu steifem Schnee schlagen, kalt stellen. Die Eidotter mit Zucker und 2 Eßlöffeln warmem Wasser cremig schlagen, die Mandeln unterziehen. Rosinen und

△ Brotpudding mit Birnen- und Mokkasauce
◁ Mandel-Vanille-Pudding

e eingeweichten Semmeln
zugeben, die Birnen schälen,
tkernen und klein würfeln,
enfalls dazugeben. Alles ver-
engen. Den Eischnee unterheben.
ne Puddingform (auch den
eckel) gründlich buttern und mit
andeln ausstreuen, den Teig hin-
nfüllen, die Form verschließen.
das heiße Wasserbad stellen, im
fen etwa 75 Minuten garen.
zwischen für die Sauce die
hokolade hacken, im Rahm in
nem Töpfchen bei schwacher
itze schmelzen lassen. Das
affeepulver in wenig Wasser
flösen und unterziehen.
en Pudding kurz in der Form
kühlen lassen, dann vorsichtig
ürzen und mit der Mokkasauce
rvieren.

Mandel-Vanille-Pudding

Zutaten für 8–10 Personen:

Fett und gemahlene Mandeln für die Form
6 Eier (getrennt)
150 g weiche Butter
75 g Zucker
3 Päckchen echter Vanillezucker
200 g gemahlene Mandeln
50 g Speisestärke
50 g Mehl
Staubzucker zum Bestäuben

Den Backofen auf 200 Grad vorheizen, ein Wasserbad vorbereiten. Eine verschließbare Puddingform (auch den Deckel) gründlich fetten und mit Mandeln ausstreuen.
Eiweiß zu steifem Schnee schlagen, kalt stellen. Die Eidotter mit der Butter, Zucker und Vanillezucker dick-cremig aufschlagen. Die gemahlenen Mandeln mit der Speisestärke und dem Mehl mischen, unter die Eigelbcreme ziehen. Den Eischnee locker unterheben.
Den Teig in die vorbereitete Form umfüllen, mit dem Deckel verschließen. Im Wasserbad im heißen Backofen etwa 75 Minuten garen. Kurz in der Form ruhen lassen, dann die Form öffnen, den Pudding stürzen und dünn mit Staubzucker bestreuen.

Beilagen:
Dazu passen verschiedene kalte und warme Saucen bestens. Probieren Sie beispielsweise eine cremige Vanillesauce (Seite 32).

Tip: ohne Puddingform
Puddinge wie diesen Mandel-Vanille-Pudding können Sie natürlich auch zubereiten, wenn Sie keine typische Form mit verschließbarem Deckel besitzen. Füllen Sie die vorbereitete Masse einfach in eine andere gefettete Form und decken Sie diese fest mit gefetteter Alufolie ab. Die Garzeit müssen Sie dann ab und zu überprüfen. Sie können die Masse auch in Portionsförmchen garen, darin ist sie bereits nach etwa 40 Minuten fest.
Dekorativ für Gäste:
Die Masse in einer breiten Form glattstreichen, abdecken und die Form auf die Fettpfanne des Backofens stellen, heißes Wasser drumherum gießen, den Pudding stocken lassen. Anschließend in dekorative Formen schneiden oder Formen ausstechen, auf einer Sauce servieren, die einen farblichen und geschmacklichen Kontrast bietet.

Reispudding

Zutaten für 4 Personen:

3/8 l Milch
Salz
100 g Rundkornreis
100 g zartbittere Schokolade
25 g Butter
2 Eier (getrennt)
30 g Zucker
25 g gewürfeltes Zitronat
Butter und 1–2 Eßl. Semmelbrösel für die Form
50 g Ribiselgelee
25 ml Marsala

Milch mit einer Prise Salz aufkochen. Den Reis einstreuen und bei schwacher Hitze etwa 1 Stunde ausquellen lassen, bis er die Milch aufgenommen hat.
Den Backofen auf 200 Grad vorheizen. Ein Wasserbad vorbereiten, so daß die Form später zu zwei Dritteln in heißem Wasser steht.
Die Schokolade hacken, mit der Butter in einer Schüssel über einem warmen Wasserbad schmelzen lassen. Das Eiweiß steif schlagen, dabei 1 Eßlöffel Zucker einrieseln lassen. Die Eidotter und den restlichen Zucker sehr schaumig schlagen.
Den Reis mit dem Zitronat, der Schokoladenbutter und dem Eidotterschaum vermengen, den Eischnee vorsichtig unterheben. In eine gebutterte, mit Semmelbröseln ausgestreute Auflaufform umfüllen, mit gefetteter Alufolie zudecken.
Im Wasserbad im heißen Backofen etwa 75 Minuten backen.
Kurz in der Form ruhen lassen, dann auf eine Platte stürzen.
Ribiselgelee und den Marsala in einem kleinen Topf verrühren und leicht erwärmen, über den Pudding träufeln.

Tip:
Weniger süß schmeckt der Pudding, wenn Sie dazu statt der Sauce aus Ribiselgelee eine aus frischen Beeren zubereiten.

Karottenpudding

Zutaten für 8–10 Personen:

Fett und gemahlene Mandeln für die Form
350 g Karotten (Möhren)
Salz
40 g Zucker
1 unbehandelte Zitrone
2 kleine, säuerliche Äpfel
75 g Butter
3 Eier (getrennt)
40 g Grieß
Staubzucker und Kakaopulver zum Bestreuen

Eine verschließbare Puddingform sehr gründlich fetten und mit gemahlenen Mandeln ausstreuen, kalt stellen. Den Backofen auf 175 Grad vorheizen, ein heißes Wasserbad vorbereiten, die Form soll später zu zwei Dritteln in Wasser stehen.
Die Karotten schälen und grob würfeln, mit einer Prise Salz, etwas Zucker, 4 Eßlöffeln Wasser und etwas abgeriebener Zitronenschale in einem kleinen Topf vermischen. Zugedeckt weich dünsten. Anschließend gut abtropfen lassen und pürieren.
Die Äpfel schälen, entkernen und klein würfeln, sofort mit Zitronensaft beträufeln und unter das Karottenpüree rühren.

e Butter schaumig schlagen,
bei die Eidotter dazugeben. Den
stlichen Zucker und den Grieß
terrühren, die Mischung unter
s Karottenpüree ziehen. Eiweiß
eif schlagen und vorsichtig
terheben. Die Masse in die
rbereitete Puddingform füllen,
rschließen und im Wasserbad im
ckofen etwa 75 Minuten garen.
ırz in der Form abkühlen lassen,
nn stürzen, mit Staubzucker und
enig Kakaopulver bestäuben.

ilagen:
zu nach Geschmack noch eine
ıchtige Sauce oder ein frisches
ofelkompott (siehe Seite 56)
chen.

Karottenpudding ▷

Karamelpudding

Zutaten für 4 Personen:

Butter für die Förmchen
100 g Zucker
1 Vanilleschote
(ersatzweise 1 Päckchen echte Vanille)
1/2 l Milch
4 Eier

Vier feuerfeste Förmchen oder Tassen mit Butter fetten. Den Backofen auf 175 Grad vorheizen. Ein Wasserbad vorbereiten, die Förmchen sollen später zu zwei Dritteln in Wasser stehen.
50 g Zucker und etwa 2 Eßlöffel Wasser in einem Topf unter ständigem Rühren zum goldgelben Karamel köcheln, dann sofort löffelweise in die Förmchen geben und am Boden der Förmchen verteilen.
Die Vanilleschote aufschlitzen, das Mark auskratzen und beides mit der Milch einmal aufkochen. Die Eier und den restlichen Zucker leicht verrühren, die heiße Vanillemilch unter Rühren dazugießen, dabei die Vanilleschote entfernen.
Die Eiermilch in die Förmchen füllen. Diese in das vorbereitete Wasserbad stellen und auf der mittleren Schiene im Ofen etwa 40 Minuten garen. Anschließend auf Portionsteller stürzen.

Tip:
Nach dem Ablauf der Garzeit durch leichten Fingerdruck prüfen, ob die Creme fest und somit gar ist. Andernfalls die Förmchen noch einige Minuten im Ofen lassen.

Achtung:
Bei der Zubereitung des Karamels unbedingt daneben stehen bleiben. Es soll goldbraun, aber auf keinen Fall zu dunkel werden. Anfangs dauert das Karamelisieren einige Minuten, doch dann geht es blitzschnell.

Kletzenpudding

Zutaten für 4–6 Personen:

150 g Kletzen (getrocknete Birnen)
150 g getrocknete Apfelringe
50 g getrocknete Zwetschgen
100 g altbackenes Weißbrot
200 ml lauwarme Milch
2 Eier
30 g gehackte Mandeln
1 Prise Zimtpulver
Butter und 2 Eßl. Semmelbrösel für die Form
Vanillesauce (siehe Seite 32)

Kletzen, Apfelringe und entsteinte Zwetschgen über Nacht in lauwarmem Wasser einweichen. In dem Einweichwasser etwa 5 Minuten kochen. Dann abtropfen lassen und fein hacken oder nicht ganz glatt pürieren.
Den Backofen auf 175 Grad vorheizen.
Das Brot klein würfeln, mit der Milch übergießen und quellen lassen. Wenn es weich ist, die Eier, Mandeln und Zimt unterziehen. Zuletzt die Früchte untermengen. In eine gebutterte, mit Semmelbröseln ausgestreute Puddingform umfüllen. Im Wasserbad im Backofen etwa 75 Minuten garen. Etwas oder vollständig abkühlen lassen, dann stürzen und mit Vanillesauce servieren.

Kletzenpudding

Topfenpudding mit Erdbeersalat

Zutaten für 4 Personen:

2 Eier (getrennt)
1 Prise Salz
250 g Topfen
2 Eßl. Sauerrahm
3 Eßl. Mehl
2–3 Eßl. Zucker
1 Teel. Vanillezucker
Butter und Zucker für die Förmchen

Für den Erdbeersalat:
300 g Erdbeeren
1 Eßl. Zucker
2 Eßl. Orangenlikör

Den Backofen auf 175 Grad vorheizen, ein Wasserbad vorbereiten.
Die Eiweiß mit einer Prise Salz steif schlagen und kalt stellen. Eidotter mit Topfen und Sauerra glattrühren, dann das Mehl, Zuc und Vanillezucker unterziehen. Den Eischnee unterheben. Vier feuerfeste Förmchen oder Tassen gründlich buttern und mit Zuck ausstreuen, die Topfenmasse einfüllen. Mit Alufolie zudecken in das heiße Wasserbad stellen, i Ofen etwa 35 Minuten garen.

◁ Topfenpudding mit Erdbeersalat

)ie Erdbeeren waschen, putzen und
n Scheiben schneiden. Mit dem
Zucker und dem Orangenlikör
'ermengen.
)ie Topfenpuddinge stürzen, auf
Teller setzen, mit dem Erdbeersalat
'nrichten.

Variationen:
Anstelle des Topfens für diese
Puddinge Ricotta verwenden. Als
Beilagen können Sie neben dem
Erdbeersalat auch einen anderen
frischen Obstsalat oder ein
Fruchtkompott servieren. Schnell
geht's, wenn Sie Tiefkühlfrüchte
verwenden.

Kartoffelpudding mit Kirschschaum

Zutaten für 8–10 Personen:

250 g Kartoffeln (am Vortag kochen)
75 g weiche Butter
75 g Zucker
3 Eier (getrennt)
70 g gemahlene Mandeln
1 gestr. Teel. Speisestärke
Zimtpulver
Fett und gemahlene Mandeln für die Form

Die Kartoffeln am Vortag kochen. Am nächsten Tag schälen und durch die Presse drücken.
Den Backofen auf 225 Grad vorheizen. Ein Wasserbad für die Form vorbereiten, sie soll später zu zwei Dritteln in heißem Wasser stehen.
Die Butter und den Zucker gut cremig schlagen, die Eidotter unterrühren. Kartoffeln, Mandeln, Speisestärke und etwas Zimt untermengen. Zuletzt das Eiweiß zu steifem Schnee schlagen und locker unterheben.
Eine verschließbare Puddingform (auch den Deckel) gründlich fetten und mit Mandeln ausstreuen, die Kartoffelmasse einfüllen. Die Form verschließen, in das heiße Wasserbad stellen. Im Ofen etwa 75 Minuten garen.
Einige Minuten in der Form ruhen lassen, dann auf eine Platte stürzen. Mit Kirschschaum servieren.

Für den Kirschschaum:
1 Glas entsteinte Sauerkirschen; 400 g
3 Eidotter
2 Eßl. Zucker
1 gestr. Teel. Speisestärke

Die Kirschen abtropfen lassen und pürieren. Den Saft aufkochen.
Die Eidotter, Zucker und die Speisestärke über einem heißen Wasserbad verquirlen, nach und nach den heißen Saft unterschlagen. Zuletzt das Kirschpüree untermengen.

Fritiertes

Hollerküchle

Zutaten für 6–8 Personen:

125 g Mehl
1 Teel. Salz
200 ml Mineralwasser oder trockener Weißwein
2 Eßl. Öl
2 Eiweiß
20–30 Holunderblüten-Dolden
Fett zum Ausbacken
Staubzucker oder Zimtzucker zum Bestreuen

Aus Mehl, Salz, Mineralwasser oder Wein und Öl einen glatten Teig anrühren, zugedeckt etwa 1 Stunde quellen lassen. Dann das Eiweiß zu steifem Schnee schlagen, nach und nach unterheben.
Die Holunderblüten gründlich ausschütteln und verlesen, um möglicherweise darin sitzende Insekten zu entfernen. Nach und nach die Blüten am Stiel anfassen, in den Teig tauchen, dann in heißem Fett schwimmend goldbraun ausbacken. Fertige Küchle gut auf Küchenpapier abtropfen lassen. Nach und nach alle Blüten ausbacken, die Küchle mit Staubzucker oder Zimtzucker bestäubt noch warm servieren.

Apfelküchlein mit Eis

Zutaten für 4 Personen:

1 Ei
1 Eßl. Zucker
60 ml Milch
1 Prise Salz
1 Teel. Öl
125 g Mehl
1/2 Teel. Backpulver
2 säuerliche Äpfel (je 150 g)
Saft von 1/2 Zitrone
Fett zum Ausbacken
Zimtzucker
8 Kugeln Vanilleeis

Das Ei mit Zucker, Milch, Salz und Öl verquirlen, dann das Mehl mit Backpulver mischen und unterrühren. Den Teig etwa 1/2 Stunde quellen lassen.
Die Äpfel schälen, die Kerngehäuse vorsichtig ausstechen. Die Früchte in 1 cm dicke Scheiben schneiden und sofort mit Zitronensaft beträufeln. Portionsweise durch den Teig ziehen und in reichlich Fett schwimmend auf beiden Seiten goldbraun ausbacken. Gut abtropfen lassen, noch warm mit Zimtzucker bestreuen und mit dem Vanilleeis anrichten.

Tip: selbstgemachtes Vanilleeis
Besonders fein schmeckt selbstgemachtes Vanilleeis. Dafür 4 Eidotter zusammen mit 75–100 g Zucker, ausgekratztem Mark von 2 Vanilleschoten und 4 Eßlöffeln Wasser und in einer Schüssel im heißen Wasserbad dick-schaumig aufschlagen. Vom Wasserbad heben und kaltrühren. Dann 250 g Schlagrahm steif schlagen und unterheben. Die Masse in eine gefrierbeständige Schüssel umfüllen, gut zudecken und über Nacht (mindestens 4 Stunden) in die Tiefkühltruhe stellen.

◁◁ Hollerküchle

Ausgebackene Kirschküchlein

Zutaten für 6 Personen:

175 g Mehl
200 ml Weißwein
? Eidotter
ı gestr. Eßl. Zucker
2 Eiweiß
1 Prise Salz
300 g Süßkirschen
Fett zum Ausbacken
Zimtzucker zum Bestreuen

Aus Mehl, Wein, Eidottern und Zucker einen glatten Teig ınrühren. Etwa 1/2 Stunde bei Zimmertemperatur quellen lassen. Das Eiweiß mit einer Prise Salz zu steifem Schnee schlagen, unter den Teig heben.
Die Kirschen waschen, auf Küchenpapier gut abtropfen lassen. e 4 Stück an den Stielen usammenbinden. Nach und nach lie Bündel mit einer Gabel durch len Teig ziehen, in heißem Fett chwimmend ausbacken. Auf Küchenpapier abtropfen lassen, mit Zimtzucker bestreut warm ervieren.

Apfelküchlein mit Eis △
Ausgebackene Kirschküchlein ▷

Powidl-Pofesen

Zutaten für 4 Personen:

3 Semmeln vom Vortag
75 g Powidl (Zwetschgenmus)
200 ml Milch
2 Eier
2 Eßl. Zucker
2 Eßl. Rum
Öl zum Ausbacken
Staubzucker und Zimtpulver zum Bestreuen

Die Semmeln in 1/2 cm dicke Scheiben schneiden, die Hälfte davon mit Powidl bestreichen. Je eine unbestrichene auf eine bestrichene Scheibe legen, leicht zusammendrücken.
Die Milch mit Eiern, Zucker und Rum glattrühren, die Pofesen dar wenden und kurz ziehen lassen. Dann in Öl von beiden Seiten goldgelb backen, sehr gut abtropf lassen und mit Zimtzucker bestäubt noch warm servieren.

◁ Powidl-Pofesen

⁄lutzenmandeln

ıtaten für etwa 50 Stück:

50 g Mehl
)0 g gemahlene Mandeln
Teel. Backpulver
Eier
)0 g kalte Butter
Prise Salz
was Zimt, Kardamom und abgeriebene, unbehandelte Zitronenschale
Eßl. brauner Rum
ett zum Ausbacken
aubzucker zum Bestreuen

ehl, Mandeln und das Backpulver rmischen, mit Eiern, Butter, den ewürzen und dem Rum schnell ım glatten Teig verkneten. Zur ıgel formen, in Folie wickeln und indestens 1 Stunde im ühlschrank ruhen lassen. nschließend mit 2 Teelöffeln vom eig kleine Nocken abstechen und rmen, portionsweise im heißen ett 1–2 Minuten rundherum ldbraun ausbacken. Auf ichenpapier abtropfen lassen, mit aubzucker bestreut bald rvieren.

Völser Kirchtagskrapfen

Zutaten für 6–8 Personen:

625 g Mehl
1 Ei
100 ml Öl
1 Prise Salz
1/4 l lauwarme Milch
Mehl zum Ausrollen
Kletzenfülle oder Konfitüre
Fett zum Ausbacken

Alle Zutaten zu einem glatten, geschmeidigen Teig verkneten. In zwei Laibe teilen, mit einem Tuch und einer Schüssel zudecken und eine bis zwei Stunden ruhen lassen. Einen Laib auf der bemehlten Arbeitsfläche dünn ausrollen und mit dem Teigrad in etwa 12 cm breite Streifen schneiden. Einen Streifen mit Kletzenfülle oder mit Konfitüre, die mit etwas Wasser verdünnt wurde, bestreichen. Einen zweiten Teigstreifen darauflegen und leicht andrücken. Mit beiden Händen die Enden der Streifen fassen und locker in die Länge ziehen, so daß der Streifen fast doppelt so lang wird. Rhomben abradeln und sofort in heißem Fett ausbacken, dabei mit einer Schöpfkelle heißes Fett auf die Oberseite der Krapfen schöpfen. Nach und nach alle Krapfen zubereiten und backen.

Für die Kletzenfülle:
3 kg kleine Birnen
3 Eßl. Zucker
Zimtpulver

Für die Fülle die Birnen vierteln oder halbieren (je nach Größe), auf ein Backblech legen und im Ofen etwa eine Stunde braten. Dann an einem trockenen luftigen Ort drei Wochen dörren. Vor der Zubereitung eine Nacht lang in Wasser einweichen. Am Tag darauf Stengel abnehmen, die Birnen in Wasser kochen, abseihen und passieren. Zucker und Zimt nach Geschmack unterrühren.

Trentiner Scherben

Zutaten für 8 Personen:

50 g Zucker
1 Päckchen Vanillezucker
2 Eier
1 Prise Salz
etwas abgeriebene, unbehandelte Zitronenschale
4 Eßl. Grappa
50 g zerlassene Butter
350 g Mehl
Mehl zum Ausrollen
Butterschmalz zum Ausbacken
Staubzucker zum Bestreuen

Zucker, Vanillezucker und die Eier sehr schaumig aufschlagen. Salz, Zitronenschale und die Grappa unterziehen. Mit zerlassener Butter und dem Mehl zu einem glatten, geschmeidigen Teig verkneten. Auf leicht bemehlter Fläche möglichst dünn ausrollen, mit einem Rädchen in ungleichmäßige Stücke (Scherben) radeln (etwa 5 cm lang). In jedes Teigstück in der Mitte einen kreuzförmigen Einschnitt mit dem Teigrädchen machen. Die Scherben portionsweise in reichlich heißem Butterschmalz rundherum goldbraun ausbacken. Auf Küchenpapier gut abtropfen lassen, mit Staubzucker bestreuen.

Badische Scherben

Zutaten für etwa 30 Stück:

250 g Mehl
1 Ei und 2 Eidotter
1 Eßl. Zucker
1 Päckchen Vanillezucker
1 Teel. Zimtpulver
etwas abgeriebene, unbehandelte Zitronenschale
2 Eßl. Sauerrahm
Fett zum Ausbacken
Staubzucker zum Bestreuen

Mehl mit dem ganzen Ei, den Eidottern, Zucker, Vanillezucker, Zimt, Zitronenschale und Sauerrahm schnell zum glatten Teig verkneten. Zur Kugel formen und in Folie wickeln, mindestens 1 Stunde in den Kühlschrank legen. Den Teig anschließend zwischen Klarsichtfolie hauchdünn ausrollen. Mit einem Teigrädchen in 6 x 7 cm große Rauten schneiden, die Rauten mehrfach mit einer Gabel einstechen. Portionsweise in heißem Fett etwa 3 Minuten goldbraun ausbacken. Herausheben, auf Küchenpapier gut abtropfen lassen, mit Staubzucker bestreuen.

Strauben

Zutaten für 8–10 Personen:

1/4 l lauwarme Milch
Salz
220 g Mehl
2 Eßl. zerlassene Butter
2 Eier (getrennt)
2 Eßl. Grappa oder anderer Schnaps
Fett zum Ausbacken
Staubzucker
evtl. Preiselbeeren aus dem Glas

Die lauwarme Milch leicht salzen, das Mehl unterrühren, dann die zerlassene Butter unterziehen. Die Eidotter mit dem Schnaps verquirlen und unterziehen, zuletzt das Eiweiß steif schlagen und unterheben.
Den Teig aus einem Straubentrichter oder einem großen Spritzbeutel kreisförmig in heißes Ausbackfett laufen lassen, bis zur Tellergröße. Auf beiden Seiten goldbraun ausbacken, abtropfen lassen und mit Staubzucker bestreut servieren. Evtl. Preiselbeeren aus dem Glas dazu reichen.

Strauben

Topfenknoten

Zutaten für 8 Personen:

etwa 550 g Mehl
40 g Germ
knapp 1/8 l lauwarme Milch (je nach Größe der Eier)
50 g Zucker
250 g Topfen
2 Eier, 1 Prise Salz
2 Eßl. Öl
abgeriebene, unbehandelte Zitronenschale
Mehl zum Ausrollen
Fett zum Ausbacken
Staubzucker

Das Mehl in eine Schüssel siebe eine Mulde in die Mitte drücken Germ in etwas warmer Milch auflösen, in die Mulde gießen, m etwas Zucker und dünn mit Me bestäuben, zugedeckt gehen lass Dann alle übrigen Zutaten dazu geben, alles zu einem glatten, ge schmeidigen Teig verkneten. Gu gehen lassen.
Den Teig auf leicht bemehlter Fläche durchkneten, dann 1/2 cm dick ausrollen. 1 cm breite, etw 20 cm lange Streifen ausschneid lockere Knoten daraus formen. Portionsweise in reichlich heiße Öl rundherum goldbraun ausbacken, gut abtropfen lassen und mit Staubzucker bestreuen.

△ Topfenknoten
◁ Anisklößchen

Anisklößchen

Zutaten für etwa 25 Stück:

3 Eßl. weiche Butter
2 Eier
100 g Zucker
1 Päckchen Vanillezucker
50 g Topfen
Prise Salz
5 g Korinthen
1 Teel. gemahlener Anis
20 g Mehl
1 Päckchen Backpulver
Fett zum Ausbacken
Staubzucker zum Bestreuen

Butter mit Eiern, Zucker und Vanillezucker schaumig schlagen, dann den Topfen, Salz, Korinthen und Anis unterrühren. Mehl und das Backpulver mischen und unterrühren. Portionsweise mit 2 Eßlöffeln längliche Klößchen abstechen, in heißem Fett schwimmend goldbraun ausbacken. Abtropfen lassen und mit Staubzucker bestreuen.

Zirggelen mit Honigtunke

Zutaten für 8–10 Personen:

25 g Germ
knapp 50 ml lauwarme Milch
250 g Mehl
2 Eier
25 g Zucker
25 g zerlassene Butter
1 Prise Salz
abgeriebene, unbehandelte Zitronen- und Orangenschale
75 g Sultaninen
Mehl zum Ausrollen
Fett zum Ausbacken

Für die Honigtunke:
1/8 l Weißwein
2–3 Eßl. Honig
2 Gewürznelken
1/2 Zimtstange
ein Stück unbehandelte Zitronenschale

Germ zerbröckeln, in etwas lauwarmer Milch verrühren und auflösen, etwas Mehl dazugeben und unterrühren. Zugedeckt an einem warmen Ort gehen lassen. Eier, Zucker, zerlassene Butter, Salz, Zitronen- und Orangenschale, Sultaninen sowie die restliche Milch und das restliche Mehl dazugeben, alles gut abschlagen, bis sich der Teig vom Schüsselrand löst. Nochmals zugedeckt an einem warmen Ort gut aufgehen lassen. Den Teig dann auf leicht bemehlter Fläche etwa 2 cm dick ausrollen und runde Plätzchen (etwa 4 cm Durchmesser) ausstechen. Mit einem Tuch bedecken, nochmals 1/4 Stunde gehen lassen. In reichlich erhitztem Fett goldbraun ausbacken, dann gut abtropfen lassen.
Für die Tunke alle Zutaten erhitzen, aber nicht kochen (!). In eine Schüssel umfüllen, die Zirggelen darin verteilen.

Faschingskrapfen

Zutaten für 6–8 Personen:

200 ml trockener Weißwein
50 g Butter
400 g Mehl
1 Prise Salz
abgeriebene, unbehandelte Zitronenschale
1–2 Teel. Zimtpulver
etwas Muskatnuß
6 Eßl. Grappa
30 g Germ
Öl zum Ausbacken
Mehl für den Löffel
Staubzucker zum Bestreuen

Den Wein und die Butter in einem Topf erwärmen, die Butter darin schmelzen lassen. Vom Herd nehmen, das Mehl einrühren, bis ein glatter Teig entstanden ist. Salz, Zitronenschale, Zimt und Muskat unterrühren, die Grappa unterziehen. Germ in 2 Eßlöffeln warmem Wasser auflösen und unter den Teig arbeiten. Zugedeckt etwa 1 Stunde an einem warmen Ort gut aufgehen lassen.
Dann portionsweise einen Eßlöffel immer wieder in Mehl tauchen, dann damit je einen Eßlöffel Teig in heißes Öl geben und goldbraune Krapfen backen. Abtropfen lassen, warm mit Staubzucker bestreut servieren.

Schlosserbuben mit Weinschaumsauce

Zutaten für 4–6 Personen:

100 g Mehl
1/8 l trockener Weißwein
1 Eßl. Zucker
1 Prise Salz
2 Eßl. zerlassene Butter
2 Eidotter
25 g Mandeln
200 g große, getrocknete Zwetschgen
Fett zum Ausbacken
Raspelschokolade
Staubzucker
Weinschaumsauce

Für den Teig das Mehl mit Wein, dem Zucker, Salz und der Butter glattrühren, die Eidotter unterziehen, den Teig mindestens 1/2 Stunde ruhen lassen.
Die Mandeln für einige Minuten in kochendes Wasser geben, abtropfen lassen, dann die Mandeln aus den dunklen Häutchen drücken.
Die Zwetschgen entsteinen (recht trockene Zwetschgen einige Zeit in warmem Wasser einweichen), jeweils eine Mandel hineinfüllen.
Die Zwetschgen auf eine Gabel spießen, durch den Teig ziehen und in sehr heißem Fett goldbraun backen. Abtropfen und etwas abkühlen lassen, dann in Raspelschokolade wälzen und leicht mit Staubzucker bestreuen. Weinschaumsauce dazu servieren.

Für die Weinschaumsauce:

3 Eidotter
2 Eßl. Zucker
1/8 l Wein (weiß oder rot)

Die Eidotter mit Zucker cremig rühren. Im heißen Wasserbad aufschlagen, nach und nach den Wein unterschlagen, bis eine dickschaumige Sauce entstanden ist.

Schlosserbuben ▷

Tips fürs gute Gelingen

- Lesen Sie das Rezept vor dem Beginn der Zubereitung einmal vollständig durch. Stellen Sie alle Zutaten bereit, wiegen Sie alles wirklich genau ab.

- Die Personenzahlen:
  Vor jedem Rezept finden Sie stets eine Personenzahl. Sie gilt für den Fall, daß die Süßspeise als Dessert oder Gebäck gereicht wird. Natürlich können diese Personenzahlen nur Anhaltswerte bieten, einer ißt mehr, ein anderer weniger.

- Die Mengen:
  Bei den Mengenangaben Eßlöffel (Eßl.) und Teelöffel (Teel.) wird stets ein gestrichen voller Löffel verwendet.

- Ofen vorheizen, ja oder nein?
  Alle Süßspeisen in diesem Buch wurden beim Testen in einen vorgeheizten Backofen geschoben (wenn nicht anders vermerkt). Sie können sie in den kalten Ofen stellen und die Backzeit um 10 bis 15 Minuten verlängern.

- Die Backzeiten:
  Jeder Backofen arbeitet anders, die Temperaturen schwanken. Deshalb können die Backzeiten in allen Rezepten nur Anhaltswerte bieten. Schauen Sie rechtzeitig nach, machen Sie stets eine Garprobe.

- Kochen mit Alkohol:
  Wenn Sie darauf verzichten möchten, beispielsweise für Kinder, können Sie diesen ste weglassen. Verwenden Sie statt dessen Fruchtsa

- Haben Sie ein Mikrowellengerät?
  Nutzen Sie es als praktischen Helfer: Schokolad läßt sich darin in wenigen Sekunden schmelzen. Auch die Milch für Hefeteig wird darin im Nu warm.

- Lockern mit Eischnee:
  Dafür die Eier absolut sauber trennen. Es darf ke bißchen Eigelb ins Eiweiß gelangen, sonst wird dieses nicht steif. Rührschüssel und Rührbesen müssen vollkommen fettfrei sein. Das Eiweiß zuerst kurz auf kleiner Stufe leicht cremig aufschlagen, dann auf höchster Stufe zu steifem, schnittfestem Schnee schlagen. Zucker nach und nach einrieseln lassen und unterschlagen. Eischnee sofort verwenden und Teige damit sofo backen, sonst fällt die luftige Pracht wieder zusammen. Den Schnee stets nur vorsichtig unterheben. Bei schwereren Teigen ein Drittel d Eischnees unterrühren, den Rest locker unterheben.

- Richtiges Ausbacken:
  Verwenden Sie stets ein Fett, das sich ausreiche hoch erhitzen läßt, ohne zu verbrennen. Speziell Ausback- oder Fritierfette, gute Öle und reines Butterschmalz eignen sich am besten. Nicht in Butter fritieren, diese verbrennt, und es bilden sich gesundheitsschädliche Stoffe.

Tips fürs gute Gelingen

- Das Fett stets auf etwa 180 Grad erhitzen, mit einem speziellen Fett-Thermometer messen. Oder einen Holzlöffelstiel hineinhalten, daran müssen sofort kleine Bläschen nach oben steigen. Oder einen kleinen Weißbrotwürfel hineingeben, er muß in wenigen Sekunden goldbraun sein.
- Stets nur kleine Portionen gleichzeitig in das Fettbad geben. Sonst kühlt das Fett zu stark ab, und das Gebäck saugt sich mit Fett voll.
- Nach dem Ausbacken das Gebäck mit einem Schaumlöffel herausheben und gut abtropfen lassen. Um weiteres Fett zu entfernen, das Gebäck auf Küchenpapier legen, dieses saugt überschüssiges Fett auf.

So gelingt Germteig:
Alle Zutaten sollten Zimmertemperatur haben, Germ braucht Wärme. Das Mehl in eine Schüssel geben, in die Mitte eine Mulde drücken. Germ hineinbröckeln, mit lauwarmer Milch übergießen. Milch, Germ und etwas Mehl zu einem Vorteig (Dampfl) verrühren, mit etwas Zucker und wenig Mehl bestäuben. Zugedeckt an einem warmen Ort gehen lassen, bis das Mehl auf der Oberfläche Risse zeigt (etwa 15 Minuten). Salz, zimmerwarme Eier und Butter dazugeben, alles zu einem glatten Teig verarbeiten, der sich vom Schüsselrand löst und nicht mehr klebt. Lange kräftig schlagen, die Hefe braucht Sauerstoff. Leicht mit Mehl bestäuben und zugedeckt an einem warmen Ort gehen lassen, bis der Teig sein Volumen fast verdoppelt hat.

- Garen im Wasserbad:
  Puddinge werden im Wasserbad gegart. Sie sind dabei nur mäßiger Hitze ausgesetzt und gelingen schön locker. Das Wasserbad stets vor dem Beginn der Zubereitung anrichten. Dafür einen Bräter oder ein anderes feuerfestes Gefäß bereitstellen, in das später so viel kochendheißes Wasser gegossen wird, daß die gefüllte Puddingform oder die gefüllten Tassen zu zwei Dritteln darin stehen.

- Erwärmen und Schmelzen im Wasserbad:
  Luftige Schaumsaucen werden bei sanfter Hitze aufgeschlagen, Schokolade vorsichtig geschmolzen. Die Zutaten in eine runde Schüssel (möglichst aus Metall) geben. Einen Topf, auf den man die Schüssel stellen oder hängen kann, mit so viel Wasser füllen, daß die Schüssel nicht hineinreicht. Das Wasser aufkochen und gerade eben am Sieden halten, die Schüssel auf den Topf stellen und Schokolade oder Sauce gründlich rühren.

- Möchten Sie vollwertig genießen?
  Bei vielen Teigen können Sie das weiße Weizenmehl problemlos durch Vollkornmehl ersetzen, nur etwas mehr Feuchtigkeit ist dann nötig. Teige aus Vollkornmehlen müssen zudem etwas länger ruhen, Germteige müssen länger gehen. Auch weißer Zucker läßt sich meist durch Honig oder andere Süßmittel (z.B. Apfel- oder Birnendicksaft; gibt es im Reformhaus) austauschen. Zum Kennenlernen: jeweils einen Teil des weißen Mehles und Zuckers durch die gesünderen Alternativen ersetzen.

Register

Register

Weitere Mini-Kochbücher

Alle Mini-Kochbücher gibt es mit erweitertem Umfang auch im Format 22 x 30 cm. Es sind erprobte Ratgeber, beliebt bei Hausfrauen und Hobbyköchen.

ATHESIAVERLAG